Ephemeris of the Planets' Places

for 1971

Mean Obliquity of the Ecliptic, 1971, 23° 26′ 35·00″.

INTRODUCTION

In the preparation of the data for RAPHAEL'S EPHEMERIS I am supported by a team of expert mathematicians, and every calculation is checked and doubly checked, thereby reducing the possibility of error to almost nil.

*It can therefore be claimed that, as far as humanly possible, complete accuracy is assured. It is for this reason that, through the centuries, RAPHAEL'S EPHEMERIS has become recognised all over the world as the most reliable Astronomical Ephemeris publish*ᵈ

To conform with internati
times in this Ephemeris are ca
brief explanation of this is giv

T0364384

T0341942

BRITISH STANDARD TIME

British Standard Time, one hour in advance of G.M.T. is now used throughout the year. Subtract one hour from B.S.T. before entering this Ephemeris.

© Copyright 1970

Published by

LONDON : W. FOULSHAM & CO., LTD.

YEOVIL ROAD, SLOUGH, BUCKS., ENGLAND

NEW YORK   TORONTO   CAPE TOWN   SYDNEY

ISBN 0-572-00714-0

| 2 | | JANUARY, 1971 | | | | [RAPHAEL'S |

D	Neptune		Herschel		Saturn		Jupiter		Mars	
M	Lat.	Dec.	Lat.	Dec.	Lat.	Dec.	Lat.	Dec.	Lat.	Dec.
1	1N38	18S58	0N41	4S40	2S22	14N21	0N53	18S47	0N48	15S58 16S 9
3	1 38	18 59	0 42	4 41	2 21	14 20	0 53	18 52	0 47	16 20 16 31
5	1 38	19 0	0 42	4 41	2 21	14 20	0 53	18 57	0 47	16 42 16 53
7	1 38	19 0	0 42	4 42	2 20	14 20	0 53	19 2	0 46	17 3 17 14
9	1 38	19 1	0 42	4 42	2 20	14 20	0 53	19 6	0 45	17 24 17 35
11	1 38	19 1	0 42	4 42	2 19	14 20	0 53	19 11	0 44	17 45 17 55
13	1 38	19 2	0 42	4 42	2 18	14 20	0 53	19 15	0 43	18 5 18 15
15	1 38	19 2	0 42	4 43	2 18	14 21	0 54	19 19	0 42	18 24 18 34
17	1 38	19 3	0 42	4 43	2 17	14 21	0 54	19 23	0 41	18 43 18 52
19	1 38	19 3	0 42	4 42	2 17	14 22	0 54	19 27	0 39	19 1 19 10
21	1 38	19 4	0 42	4 42	2 16	14 23	0 54	19 31	0 38	19 19 19 28
23	1 39	19 4	0 42	4 42	2 15	14 23	0 54	19 35	0 37	19 36 19 45
25	1 39	19 5	0 42	4 42	2 15	14 24	0 54	19 38	0 36	19 53 20 1
27	1 39	19 5	0 42	4 41	2 14	14 26	0 54	19 42	0 35	20 9 20 17
29	1 39	19 6	0 42	4 41	2 14	14 27	0 54	19 45	0 33	20 25 20 32
31	1N39	19S 6	0N42	4S40	2S13	14N28	0N55	19S48	0N32	20S40 20S32

D	D	Sidereal	☉	☉	☽	☽	☽	MIDNIGHT	
M	W	Time	Long.	Dec.	Long.	Lat.	Dec.	☽ Long.	☽ Dec.
		H. M. S.							
1	F	18 41 57	10♏25 22	23S 2	4♓43 27	0N56	8S55	11♓54 48	5S39
2	S	18 45 53	11 26 32	22 57	19 4 13	2	2S20	26 11 24	1N 0
3	☉	18 49 50	12 27 42	22 52	3♈16 9	3 15	4N17	10♈18 18	7 30
4	M	18 53 46	13 28 52	22 46	17 17 46	4 8	10 36	24 14 28	13 34
5	Tu	18 57 43	14 30 1	22 39	1♉ 8 21	4 45	16 20	7♉59 23	18 52
6	W	19 1 39	15 31 9	22 33	14 47 31	5 6	21 9	21 32 44	23 8
7	Th	19 5 36	16 32 19	22 25	28 14 58	5 10	24 48	4Ⅱ54 9	26 7
8	F	19 9 33	17 33 27	22 18	11Ⅱ30 13	4 57	27 4	18 3 7	27 37
9	S	19 13 29	18 34 35	22 9	24 32 47	4 28	27 48	0♋59 8	27 35
10	☉	19 17 26	19 35 43	22 1	7♋22 10	3 46	27 0	13 41 50	26 5
11	M	19 21 22	20 36 50	21 52	19 58 10	2 54	24 50	26 11 14	23 18
12	Tu	19 25 19	21 37 57	21 42	2♌21 6	1 55	21 30	8♌27 56	19 29
13	W	19 29 15	22 39 4	21 33	14 31 55	0N50	17 17	20 33 18	14 55
14	Th	19 33 12	23 40 10	21 22	26 32 23	0S15	12 26	2♍29 31	9 51
15	F	19 37 8	24 41 16	21 12	8♍25 5	1 20	7 11	14 19 33	4N28
16	S	19 41 5	25 42 22	21 0	20 13 22	2 20	1N43	26 7 5	1S 2
17	☉	19 45 2	26 43 28	20 49	2≏ 1 15	3 15	3S47	7≏56 28	6 31
18	M	19 48 58	27 44 33	20 37	13 53 19	4 2	9 11	19 52 27	11 48
19	Tu	19 52 55	28 45 37	20 25	25 54 28	4 39	14 20	2♏ 0 0	16 45
20	W	19 56 51	29♏46 42	20 12	8♏ 9 39	5 3	19 1	14 24 1	21 6
21	Th	20 0 48	0♐47 46	19 59	20 43 36	5 15	22 59	27 8 53	24 38
22	F	20 4 44	1 48 50	19 46	3♐40 16	5 11	25 58	10♐18 1	26 59
23	S	20 8 41	2 49 54	19 32	17 2 20	4 50	27 37	23 53 14	27 51
24	☉	20 12 37	3 50 56	19 18	0♑50 38	4 12	27 38	7♑54 16	26 59
25	M	20 16 34	4 51 59	19 3	15 3 43	3 17	25 52	22 18 23	24 18
26	Tu	20 20 31	5 53 1	18 48	29 37 34	2 9	22 20	7≈ 0 25	19 59
27	W	20 24 27	6 54 1	18 33	14≈26 0	0S51	17 19	21 53 18	14 22
28	Th	20 28 24	7 55 1	18 18	29 21 19	0N32	11 12	6♓49 1	7 53
29	F	20 32 20	8 56 0	18 2	14♓15 28	1 52	4S29	21 39 45	1S 1
30	S	20 36 17	9 56 57	17 46	29 1 6	3 4	2N25	6♈18 52	5N48
31	☉	20 40 13	10≈57 53	17S29	13♈32 31	4N3	9N 1	20♈41 38	12N11

FIRST QUARTER—January 4d, 4h. 56m. a.m.

EPHEMERIS] JANUARY, 1971 3

Venus · Mercury · Moon · Mutual Aspects

D M	Venus Lat.	Venus Dec.	Venus Dec. (mid)	Mercury Lat.	Mercury Dec.	Mercury Dec. (mid)	Moon Node
1	3N 48	15 S 22	15 S 33	3N 6	20 S 20	20 S 16	25≈56
3	3 50	15 44	15 54	3 13	20 14	20 13	25 49
5	3 52	16 5	16 16	3 11	20 15	20 18	25 43
7	3 52	16 27	16 38	3 3	20 22	20 28	25 37
9	3 52	16 49	17 1	2 50	20 35	20 43	25 30
11	3 51	17 12	17 22	2 35	20 52	21 1	25 24
13	3 49	17 33	17 44	2 17	21 10	21 19	25 18
15	3 46	17 55	18 5	1 58	21 28	21 37	25 11
17	3 43	18 15	18 26	1 38	21 46	21 55	25 5
19	3 40	18 35	18 45	1 19	22 3	22 10	24 59
21	3 36	18 55	19 4	1 0	22 16	22 22	24 52
23	3 31	19 12	19 21	0 41	22 27	22 31	24 46
25	3 26	19 29	19 37	0 23	22 34	22 36	24 40
27	3 21	19 45	19 52	0N 5	22 37	22 36	24 33
29	3 15	19 59	20 S 5	0 S 12	22 35	22 S 33	24 27
31	3N 8	20 S 11		0 S 27	22 S 29		24≈21

Mutual Aspects

1. ☿⊥♀ ∠, ☌, □♄, ⊻♅.
3. ☿□♃. [♃ stat.
4. ☉∠♃. □♅.
5. ☿⊻♀, ⊻♃. ♀☌♃.
6. ☉△♄. ♀⚹♀. ☌⊥♅.
7. ☉∠♀. ♃ Stat. [♃P♀.
9. ♀☌♃. 10. ☿⊥☌.
12. ♃⚹♀. 13. ☌□♀.
14. ☉P☿. ☿⊻♃. 15. ☿□♄.
16. ☉⚹☌. ♀⊥☌.
17. ☿⊻♀. ♄ Stat.
18. ♅ Stat.
19. ♀♀♀. ♂P♀.
20. ☉△♀. ☌∠♅.
21. ☉⚹♃. ☿⊥♃. ♀⚹♅.
22. ♀P♀. ☌⚹♀.
23. ☉P☌,P♃,⚹♀, ☿⊥♀.
  [♀△♄. ♂P♃.
24. ☉P♀. 25. ☉P♀.
26. ☌☌♃.
27. ☿□♅. ♀P♃. ♂☌♀.
28. ☿△♄. 29. ♀±♄.
30. ☿∠♃. ∠♀.

Longitudes & Lunar Aspects

D M	Ψ Long.	♅ Long.	♄ Long.	♃ Long.	♂ Long.	♀ Long.	☿ Long.
1	2♐ 1	13≏26	15♉56	27♏41	16♏23	25♏12	1♑27
2	2 3	13 27	15 R 54	27 52	17 1	26 3	0 R26
S 3	2 4	13 28	15 53	28 3	17 39	26 54	29♐35
4	2 6	13 29	15 51	28 14	18 17	27 45	28 54
5	2 8	13 29	15 50	28 25	18 54	28 38	28 23
6	2 10	13 30	15 49	28 36	19 32	29♏31	28 6
7	2 11	13 31	15 48	28 47	20 10	0♐25	27 51
8	2 13	13 31	15 46	28 58	20 48	1 19	27 D49
9	2 15	13 32	15 45	29 9	21 26	2 14	27 56
S 10	2 17	13 32	15 45	29 20	22 4	3 10	28 11
11	2 18	13 33	15 44	29 30	22 42	4 6	28 28
12	2 20	13 33	15 43	29 41	23 20	5 3	29 2
13	2 21	13 33	15 43	29♏51	23 58	6 1	29♐37
14	2 23	13 34	15 42	0♐ 1	24 36	6 58	0♑17
15	2 25	13 34	15 42	0 11	25 14	7 57	1 2
16	2 26	13 34	15 42	0 22	25 52	8 56	1 51
S 17	2 28	13 34	15 42	0 32	26 30	9 55	2 45
18	2 29	13 34	15 42	0 42	27 7	10 55	3 42
19	2 31	13 34	15 42	0 51	27 45	11 55	4 42
20	2 32	13 34	15 42	1 1	28 23	12 56	5 45
21	2 33	13 34	15 43	1 11	29 1	13 57	6 50
22	2 35	13 33	15 43	1 20	29♏39	14 58	7 58
23	2 36	13 33	15 44	1 29	0♐16	16 0	9 8
S 24	2 38	13 33	15 45	1 39	0 54	17 3	10 20
25	2 39	13 32	15 45	1 48	1 32	18 5	11 33
26	2 40	13 32	15 46	1 57	2 10	19 8	12 49
27	2 41	13 31	15 47	2 6	2 47	20 11	14 6
28	2 43	13 31	15 49	2 15	3 25	21 15	15 24
29	2 44	13 30	15 50	2 23	4 3	22 18	16 43
30	2 45	13 30	15 51	2 32	4 41	23 22	18 3
S 31	2♐46	13≏29	15♉53	2♐40	5♐18	24♐27	19♑26

Lunar Aspects columns: ⊙ P Ψ ♅ ♄ ♃ ♂ ♀ ☿ — daily aspect symbols as printed.

4							FEBRUARY, 1971						[*RAPHAEL'S*
D	Neptune		Herschel		Saturn		Jupiter		Mars		
M	Lat.	Dec.	Lat.	Dec.	Lat.	Dec.	Lat.	Dec.	Lat.	Dec.	
	° ′	° ′	° ′	° ′	° ′	° ′	° ′	° ′	° ′	° ′	° ′
1	1 N39	19 S 6	0 N42	4 S 40	2 S 13	14 N29	0 N55	19 S 50	0 N31	20 S 47	20 S 54
3	1 39	19 6	0 43	4 39	2 12	14 31	0 55	19 53	0 30	21 1	21 8
5	1 39	19 7	0 43	4 38	2 12	14 32	0 55	19 56	0 29	21 15	21 21
7	1 39	19 7	0 43	4 38	2 11	14 34	0 55	19 58	0 27	21 27	21 34
9	1 39	19 7	0 43	4 37	2 10	14 36	0 55	20 1	0 26	21 40	21 46
11	1 39	19 7	0 43	4 36	2 10	14 38	0 55	20 3	0 24	21 51	21 57
13	1 40	19 7	0 43	4 35	2 9	14 40	0 56	20 6	0 23	22 2	22 8
15	1 40	19 8	0 43	4 33	2 9	14 43	0 56	20 8	0 21	22 13	22 18
17	1 40	19 8	0 43	4 32	2 8	14 45	0 56	20 10	0 19	22 23	22 27
19	1 40	19 8	0 43	4 31	2 8	14 47	0 56	20 12	0 18	22 32	22 36
21	1 40	19 8	0 43	4 29	2 7	14 50	0 56	20 14	0 16	22 40	22 44
23	1 40	19 8	0 43	4 28	2 7	14 53	0 57	20 15	0 14	22 48	22 S 52
25	1 40	19 8	0 43	4 27	2 6	14 55	0 57	20 17	0 13	22 55	—
26	1 40	19 8	0 43	4 26	2 6	14 57	0 57	20 18	0 12	22 59	—
27	1 40	19 8	0 43	4 25	2 6	14 58	0 57	20 18	0 11	23 2	—
28	1 N40	19 S 8	0 N43	4 S 24	2 S 5	15 N 0	0 N57	20 S 19	0 N10	23 S 5	—

D	D	Sidereal	☉		☉	☽		☽		☽	MIDNIGHT	
M	W	Time	Long.		Dec.	Long.	Lat.		Dec.		☽ Long.	☽ Dec.
		H. M. S.	° ′ ″		° ′	° ′ ″	° ′		° ′		° ′ ″	° ′
1	M	20 44 10	11≈58 48	17 S 12	27♈45 58	4 N45	15 N 7	4♉45 20	17 N49
2	Tu	20 48 6	12 59 42	16 55	11♉39 41	5 10	20 15	18 29 4	22 23
3	W	20 52 3	14 0 34	16 38	25 13 33	5 17	24 12	1♊53 18	25 40
4	Th	20 56 0	15 1 26	16 20	8♊28 31	5 7	26 46	14 59 25	27 30
5	F	20 59 56	16 2 15	16 2	21 26 14	4 41	27 50	27 49 15	27 48
6	S	21 3 53	17 3 3	15 44	4♋ 8 41	4 2	27 24	10♋24 47	26 39
7	☉	21 7 49	18 3 50	15 25	16 37 48	3 11	25 34	22 47 57	24 12
8	M	21 11 46	19 4 35	15 6	28 55 29	2 13	22 33	5♌ 0 36	20 40
9	Tu	21 15 42	20 5 19	14 47	11♌ 3 31	1 9	18 34	17 4 28	16 18
10	W	21 19 39	21 6 1	14 28	23 3 39	0 N 3	13 53	29 1 20	11 21
11	Th	21 23 36	22 6 42	14 9	4♍57 43	1 S 3	8 43	10♍53 6	6 2
12	F	21 27 32	23 7 22	13 49	16 47 44	2 5	3 N17	22 41 56	0 N32
13	S	21 31 29	24 8 1	13 29	28 36 2	3 3	2 S14	4≈30 23	4 S 59
14	☉	21 35 25	25 8 38	13 9	10≏25 23	3 52	7 41	16 21 27	10 20
15	M	21 39 22	26 9 14	12 48	22 19 1	4 32	12 53	28 18 34	15 21
16	Tu	21 43 18	27 9 49	12 28	4♏20 36	5 0	17 40	10♏25 38	19 50
17	W	21 47 15	28 10 23	12 7	16 34 11	5 15	21 49	22 46 48	23 35
18	Th	21 51 11	29≈10 55	11 46	29 4 0	5 16	25 6	5♐26 17	26 19
19	F	21 55 8	0♓11 26	11 24	11♐54 10	5 2	27 12	18 28 2	27 44
20	S	21 59 4	1 11 56	11 3	25 8 16	4 31	27 52	1♑55 7	27 35
21	☉	22 3 1	2 12 25	10 42	8♑48 47	3 44	26 53	15 49 15	25 44
22	M	22 6 58	3 12 52	10 20	22 56 25	2 42	24 10	0≈ 9 59	22 11
23	Tu	22 10 54	4 13 18	9 58	7≈29 30	1 29	19 50	14 54 17	17 8
24	W	22 14 51	5 13 43	9 36	22 23 33	0 S 7	14 10	29 56 17	10 57
25	Th	22 18 47	6 14 5	9 14	7♓31 23	1 N16	7 34	15♓ 7 40	4 S 4
26	F	22 22 44	7 14 26	8 51	22 43 52	2 34	0 S31	0♈18 46	3 N 1
27	S	22 26 40	8 14 45	8 29	7♈51 10	3 41	6 N30	15 19 59	9 52
28	☉	22 30 37	9♓15 2	8 S 6	22♈44 16	4 N32	13 N 3	0♉ 3 15	16 N 1

| E P H E M E R I S] | | | **FEBRUARY, 1971** | | | **5** |

Venus / Mercury / Node / Mutual Aspects

D M	Venus Lat.	Dec.		Mercury Lat.	Dec.		Node ☽	Mutual Aspects
1	3N 5	20 S 17	20 S 22	0 S 35	22 S 24	22 S 18	24≈17	1. ☿∠♂. ♀Q♅. ♃♂♆.
3	2 58	20 27	20 31	0 49	22 11	22 3	24 11	2. ⊙△♅. 3. ⊙⊡♭.
5	2 51	20 35	20 39	1 2	21 53	21 41	24 5	4. ⊙Q♃, Q♆.
7	2 44	20 42	20 44	1 15	21 29	21 15	23 58	5. ⊙⊡♭. ♀⊡♭.
9	2 37	20 46	20 47	1 26	21 1	20 44	23 52	6. ♀⊡♭.
11	2 29	20 48	20 49	1 36	20 27	20 8	23 46	7. ☿P♂, △♭.
13	2 21	20 49	20 48	1 44	19 47	19 26	23 39	8. ⊙P♭. ♀∨♀.
15	2 13	20 47	20 45	1 52	19 3	18 39	23 33	9. ☿⋆♅. ♀P♆. ⋆♃. [P♭.
17	2 5	20 43	20 40	1 58	18 13	17 46	23 26	10. ⊙P♭. ☿P♀. ⋆♃. ♂Q
19	1 56	20 37	20 33	2 3	17 17	16 48	23 20	12. ⊙±♭. ☿P♃.
21	1 48	20 29	20 24	2 6	16 17	15 44	23 14	13. ☿∨♀. ♀⊥♀. ♂⋆♅.
23	1 40	20 18	20 S 12	2 8	15 10	14 S 35	23 7	15. ☿P♆. ♀⊥♃.
25	1 31	20 5	—	2 7	13 58	—	23 1	16. ⊙∠♀, Q♂. ♀△♅,⊡♭.
26	1 27	19 58	—	2 6	13 20	—	22 58	17. ⊙⊡♅. ☿Q♀. ♀⊡♅.
27	1 23	19 50	—	2 5	12 41	—	22 55	18. ⊙∨P♭. ☿⋆♂,Q♃, ⊡♭.
28	1N18	19 S 42	—	2 S 4	12 S 1	—	22≈52	[♂∨♭.
								20. ♀△♭. 21. ♀∠♀.
								22. ⊙⊡♆. ♀±♭. ♀∨♂.
								23. ☿P♭, P♭. ♀∠ & P♃.
								24. ⊙⊡♃. Q♭.
								25. ☿⊥♀, ⊡♅, ∨♭.
								26. ⊙±♅.
								28. ☿⊡♆.

Longitudes and Lunar Aspects

D M	♆ Long.	♅ Long.	♭ Long.	♃ Long.	♂ Long.	♀ Long.	☿ Long.	⊙	♭	♆	♅	♭	♃	♂	♀	☿
1	2♐47	13≏28	15♉55	2♐49	5♐56	25♐31	20♑49									△
2	2 48	13 27	15 56	2 57	6 33	26 36	22 13	⊡	⊡			♂				⊡
3	2 49	13 27	15 58	3 5	7 11	27 41	23 38		△		⊡					△
4	2 50	13 26	16 0	3 13	7 48	28 46	25 4				△		♂	△	♂	⊡
5	2 51	13 25	16 2	3 20	8 26	29♐52	26 31	△				∨				
6	2 52	13 24	16 4	3 28	9 4	0♑58	27 58	⊡			⊡			△		♂
7	2 53	13 23	16 7	3 36	9 41	2 4	29♑27			⊡	⊡	⋆	⊡			
8	2 54	13 22	16 9	3 43	10 19	3 10	0≈57		⋆		△		△	⊡		♂
9	2 55	13 20	16 12	3 50	10 56	4 16	2 27		∠		⋆	⊡	△			
10	2 55	13 19	16 14	3 57	11 33	5 23	3 58	●			∠				⊡	
11	2 56	13 18	16 17	4 4	12 11	6 29	5 30		∨	⊡				⊡		△
12	2 57	13 17	16 20	4 11	12 48	7 37	7 3					∨	△		⊡	
13	2 58	13 15	16 22	4 18	13 26	8 44	8 37	♂	⋆		⊡	⋆				⊡
14	2 58	13 14	16 25	4 24	14 3	9 51	10 12	⊡			♂			⋆	⊡	△
15	2 59	13 12	16 29	4 30	14 40	10 59	11 47	△		∠				∠		
16	3 0	13 11	16 32	4 37	15 18	12 6	13 24		∨	∨				∨	∠	
17	3 0	13 9	16 35	4 43	15 55	13 14	15 1		∠		∨	♂		∨	∨	⋆
18	3 1	13 8	16 39	4 49	16 32	14 22	16 39		⊡	♂	∠		♂		∠	
19	3 1	13 6	16 42	4 54	17 9	15 30	18 18				⋆			♂	∨	
20	3 2	13 4	16 46	5 0	17 47	16 39	19 58	⋆				⊡				⋆
21	3 2	13 3	16 49	5 5	18 24	17 47	21 39		∠		∨			∨		∠
22	3 2	13 1	16 53	5 11	19 1	18 56	23 21	∠	△	∠			△	∠	∨	∨
23	3 3	12 59	16 57	5 16	19 38	20 4	25 4	∨	⊡	⋆	△			⋆	∠	
24	3 3	12 57	17 1	5 21	20 15	21 13	26 47			⊡	⊡			⋆	∨	♂
25	3 3	12 55	17 5	5 25	20 52	22 22	28≈32	●								
26	3 4	12 53	17 9	5 30	21 29	23 31	0♓18	♂		△	♂	∠		⋆		⊡
27	3 4	12 51	17 13	5 34	22 6	24 41	2 5		△	♂	∠	△			△	∨
28	3♐4	12≏49	17♉18	5♐39	22♐43	25♑50	3♓52	∠		⊡		∨	⊡	△	⊡	∠

6				MARCH, 1971					[RAPHAEL'S

MARCH, 1971

D M	Neptune Lat.	Neptune Dec.	Herschel Lat.	Herschel Dec.	Saturn Lat.	Saturn Dec.	Jupiter Lat.	Jupiter Dec.	Mars Lat.	Mars Dec.	Mars Dec.
1	1N40	19S8	0N43	4S23	2S5	15N1	0N57	20S19	0N9	23S8	23S11
3	1 41	19 8	0 43	4 22	2 5	15 4	0 57	20 21	0 7	23 13	23 16
5	1 41	19 8	0 43	4 20	2 4	15 7	0 57	20 22	0 5	23 18	23 20
7	1 41	19 8	0 43	4 18	2 4	15 10	0 58	20 23	0N3	23 22	23 24
9	1 41	19 8	0 43	4 17	2 3	15 14	0 58	20 23	0 0	23 26	23 27
11	1 41	19 7	0 43	4 15	2 3	15 17	0 58	20 24	0S2	23 28	23 30
13	1 41	19 7	0 43	4 13	2 2	15 20	0 58	20 24	0 4	23 31	23 32
15	1 41	19 7	0 43	4 11	2 2	15 24	0 58	20 25	0 7	23 32	23 33
17	1 41	19 7	0 43	4 9	2 1	15 27	0 59	20 25	0 9	23 33	23 34
19	1 41	19 6	0 43	4 7	2 1	15 31	0 59	20 25	0 12	23 34	23 34
21	1 41	19 6	0 43	4 5	2 0	15 34	0 59	20 25	0 14	23 34	23 34
23	1 42	19 6	0 43	4 3	2 0	15 38	0 59	20 25	0 17	23 33	23 34
25	1 42	19 6	0 43	4 1	2 0	15 42	0 59	20 25	0 19	23 32	23 31
27	1 42	19 5	0 43	3 59	1 59	15 45	1 0	20 24	0 22	23 30	23 29
29	1 42	19 5	0 43	3 57	1 59	15 49	1 0	20 24	0 25	23 28	23S26
31	1N42	19S4	0N43	3S55	1S59	15N53	1N0	20S23	0S28	23S25	

D M	D W	Sidereal Time H. M. S.	☉ Long.	☉ Dec.	☽ Long.	☽ Lat.	☽ Dec.	MIDNIGHT ☽ Long.	☽ Dec.
1	M	22 34 33	10♓15 17	7S43	7♉16 17	5N4	18N43	14♉22 59	21N7
2	Tu	22 38 30	11 15 30	7 21	21 23 5	5 5	23 16	28 16 31	24 54
3	W	22 42 27	12 15 41	6 58	5♊3 21	5 10	26 13	11♊43 47	27 9
4	Th	22 46 23	13 15 50	6 35	18 18 5	4 47	27 42	24 46 39	27 51
5	F	22 50 20	14 15 57	6 12	1♋9 54	4 11	27 37	7♋28 17	27 2
6	S	22 54 16	15 16 2	5 48	13 42 18	3 23	26 6	19 52 27	24 52
7	☉	22 58 13	16 16 2	5 25	25 59 12	2 26	23 21	2♌3 1	21 36
8	M	23 2 9	17 16 5	5 2	8♌4 21	1 25	19 37	14 3 38	17 27
9	Tu	23 6 6	18 16 4	4 38	20 1 15	0N20	15 7	25 57 35	12 40
10	W	23 10 2	19 16 0	4 15	1♍52 58	0S45	10 6	7♍47 42	7 27
11	Th	23 13 59	20 15 55	3 51	13 42 41	1 48	4N45	19 36 21	2N0
12	F	23 17 56	21 15 47	3 28	25 30 48	2 46	0S46	1♎25 39	3S31
13	S	23 21 52	22 15 37	3 4	7♎21 9	3 37	6 15	13 17 31	8 55
14	☉	23 25 49	23 15 26	2 41	19 15 0	4 19	11 32	25 13 52	14 2
15	M	23 29 45	24 15 13	2 17	1♏14 22	4 50	16 26	7♏16 47	18 40
16	Tu	23 33 42	25 14 58	1 53	13 21 27	5 8	20 44	19 28 42	22 36
17	W	23 37 38	26 14 41	1 30	25 38 52	5 12	24 13	1♐52 22	25 34
18	Th	23 41 35	27 14 23	1 6	8♐9 34	5 1	26 38	14 30 55	27 21
19	F	23 45 31	28 14 3	0 42	20 56 48	4 36	27 43	27 27 40	27 43
20	S	23 49 28	29♓13 41	0S18	4♑3 53	3 56	27 19	10♑45 50	26 30
21	☉	23 53 24	0♈13 17	0N5	17 33 48	3 1	25 17	24 28 0	23 41
22	M	23 57 21	1 12 52	0 29	1♒28 36	1 55	21 42	8♒35 33	19 22
23	Tu	0 1 18	2 12 25	0 53	15 48 43	0S39	16 44	23 7 47	13 48
24	W	0 5 14	3 11 56	1 16	0♓32 13	0N41	10 39	8♓1 20	7 19
25	Th	0 9 11	4 11 25	1 40	15 34 14	1 59	3S58	21 9 51	0S20
26	F	0 13 7	5 10 52	2 4	0♈47 0	3 13	3N13	8♈24 22	6N43
27	S	0 17 4	6 10 17	2 27	16 0 39	4 8	10 6	23 34 30	13 20
28	☉	0 21 0	7 9 40	2 51	1♉4 41	4 47	16 20	8♉30 6	19 4
29	M	0 24 57	8 9 1	3 14	15 49 49	5 7	21 28	23 3 4	23 31
30	Tu	0 28 54	9 8 20	3 37	0♊11 9	5 21	25 10	7♊8 20	26 25
31	W	0 32 50	10♈7 37	4N1	13♊59 15	5N47	27 14	20♊44 9	27N39

FIRST QUARTER—March 4d, 2h. 2m., a.m.

| *EPHEMERIS*] | | | | | MARCH, 1971 | | | **7** |

D	Venus		Mercury		)	Mutual Aspects
M	Lat.	Dec.	Lat.	Dec.	Node	

	° ′	° ′ ° ′	° ′	° ′ ° ′	° ′	1. ☿Q ☌, □♃, Q♄. ♂±♄.
1	1N 14	19 S 33 19 S 24	2 S 2	11 S 19 10 S 35	22≈48	2. ☿±♅.
3	1 6	19 14 19 3	1 56	9 51 9 5	22 42	3. ⊙▽♅. ♀△♇. ♂Q♅.
5	0 57	18 52 19 3	1 48	8 18 9 5	22 36	4. ♀P♅.
7	0 49	18 28 18 41	1 38	6 40 7 30	22 29	5. ☿▽♅. ♀⊥♂. ♅ Stat.
9	0 41	18 3 18 16	1 26	4 58 5 50	22 23	6. ⊙♂☿. ♀⚹♅.
		17 49		4 6		8. ⊙⚹♄. 9. ⊙⚹♄. ♀⚹♃.
11	0 33	17 35 17 20	1 11	3 12 2 18	22 17	10. ⊙P☿. P♅. ☿∠♀, P♅.
13	0 25	17 5 16 50	0 55	1 S 23 0 S 27	22 10	13. ♀♂P. ♄±♅. [♂□P.
15	0 17	16 33 16 17	0 36	0N 29 1N 25	22 4	14. ☿□♂. ♂□♅.
17	0 9	16 0 15 42	0 S 15	2 21 3 17	21 58	15. ☿▽♅. ☿∠♄. ♀Q♅.
19	0N 1	15 24 15 6	0N 8	4 13 5 8	21 51	16. ⊙P☿. ☿∠♄. ♀Q♅.
						17. ☿△♃. ♂∨♅.
21	0 S 6	14 47 14 28	0 32	6 2 6 55	21 45	18. ♀P♅. ♂□♄.
23	0 14	14 8 13 48	0 57	7 47 8 37	21 38	19. ⊙♂P. ☿P♅. ♀Q♃, P♄.
25	0 20	13 27 13 7	1 21	9 25 10 12	21 32	20. ☿⊥♄, ♂♅. ♀□♅.
27	0 27	12 45 12 24	1 45	10 56 11 37	21 26	21. ♀∠♂. [Stat.
29	0 33	12 2 11 S 40	2 8	12 15 12N 51	21 19	22. ☿□♅. ♀±P. ♂∨♃.♃
31	0 S 39	11 S 17	2 N28	13N 24	21≈13	24. ⊙△♅. ♂♃.
						25. ⊙∠♄. ♀□♃.
						26. ♀□♅. 27. ⊙△♃.♂⊥♅.
						28. ♀▽P.
						29. ♀P ♀, ±♅. 30. ☿▽P.
						31. ⊙P♅. ♂□♅. ♄PP.

D	♆	♅	♄	♃	♂	♀	☿						Lunar Aspects				
M	Long.	Long.	Long.	Long.	Long.	Long.	Long.	⊙	P	♆	♅	♄	♃	♂	♀	☿

	° ′	° ′	° ′	° ′	° ′	° ′	° ′									
1	3♐ 4	12≏47	17♉22	5♐43	23♐20	26♓59	5♓41	⚹	□			□		□		⚹
2	3 4	12 45	17 27	5 47	23 57	28 9	7 31				□	☌				
3	3 4	12 43	17 31	5 50	24 34	29♓18	9 22		△	☍			☍		△	□
4	3 4	12 41	17 36	5 54	25 10	0≈28	11 14	□			△	∨		□		
5	3 4	12 39	17 41	5 57	25 47	1 38	13 6	□				∠			☍	
6	3 4	12 37	17 46	6 0	26 24	2 47	15 0	△		□	□	⚹				△
§	3 4	12 35	17 51	6 4	27 0	3 57	16 55	□	⚹					□		
8	3 4	12 33	17 56	6 6	27 37	5 7	18 50	∠	△	⚹		△	□	☍	□	
9	3 4	12 30	18 1	6 9	28 13	6 18	20 47					□				
10	3 4	12 28	18 6	6 12	28 50	7 28	22 44	∨	□	∠				∨		
11	3 4	12 26	18 11	6 14	29♐26	8 38	24 41				∨	△				
12	3 4	12 23	18 16	6 16	0♑ 3	9 48	26 39	☍	☌				□	□	☍	
13	3 3	12 21	18 22	6 18	0 39	10 59	28♓37			⚹	☌	□	⚹		△	
§	3 3	12 19	18 27	6 20	1 15	12 9	0♈36	∨	∨		∠		∠			
15	3 3	12 16	18 33	6 21	1 52	13 20	2 34					⚹	⚹	∨	⚹	
16	3 3	12 14	18 38	6 23	2 28	14 30	4 32	□	∠		∨	☍		∨	□	
17	3 2	12 11	18 44	6 24	3 4	15 41	6 29	△	⚹		∠					□
18	3 2	12 9	18 50	6 25	3 40	16 52	8 25			☌	⚹		☌	∨		
19	3 1	12 6	18 55	6 26	4 16	18 3	10 20					□		⚹		
20	3 1	12 4	19 1	6 26	4 52	19 13	12 13	□	□	∨		□	∨	∠		
§	3 0	12 1	19 7	6 27	5 28	20 24	14 3			∠	□	△	∠		∨	□
22	3 0	11 59	19 13	6 27	6 4	21 35	15 51	⚹	△	⚹		△		⚹	∨	
23	2 59	11 56	19 19	6 27	6 40	22 47	17 37	∠	□		△	□			∠	⚹
24	2 59	11 54	19 26	6 R27	7 16	23 58	19 18	∨		□	□		□	⚹	●	∠
25	2 58	11 51	19 32	6 27	7 51	25 9	20 56			△		⚹				∨
26	2 57	11 49	19 38	6 27	8 27	26 20	22 29	☌	☍	△		∠	△		∨	
27	2 57	11 46	19 44	6 26	9 2	27 31	23 57		□		∨	∨	□	□	∠	
§	2 56	11 43	19 51	6 25	9 38	28 43	25 20	∨				☌			⚹	☌
29	2 55	11 41	19 57	6 24	10 13	29≈54	26 38		∨	□		☌		△		
30	2 55	11 38	20 3	6 23	10 49	1♓ 5	27 50	∠	△	⚹	□		☍	□	□	∨
31	2♐54	11≏36	20♉10	6♐21	11♑24	2♓17	28♈56	⚹			△	∨				

8 — APRIL, 1971 [RAPHAEL'S

D.M	Neptune Lat.	Dec.	Herschel Lat.	Dec.	Saturn Lat.	Dec.	Jupiter Lat.	Dec.	Mars Lat.	Dec.	Mars Dec. (next even day)
1	1N42	19S 4	0N43	3S54	1S58	15N55	1N 0	20S23	0S29	23S23	23S22
3	1 42	19 4	0 43	3 52	1 58	15 59	1 0	20 22	0 32	23 20	23 18
5	1 42	19 3	0 43	3 50	1 58	16 3	1 0	20 21	0 35	23 16	23 14
7	1 42	19 3	0 43	3 48	1 58	16 7	1 1	20 20	0 39	23 11	23 9
9	1 42	19 2	0 43	3 46	1 57	16 10	1 1	20 19	0 42	23 6	23 4
11	1 42	19 2	0 43	3 44	1 57	16 14	1 1	20 18	0 45	23 1	22 58
13	1 42	19 1	0 43	3 42	1 57	16 18	1 1	20 16	0 49	22 55	22 52
15	1 42	19 1	0 43	3 40	1 56	16 22	1 1	20 15	0 52	22 49	22 46
17	1 43	19 0	0 43	3 38	1 56	16 26	1 1	20 13	0 56	22 42	22 39
19	1 43	19 0	0 43	3 36	1 56	16 30	1 1	20 12	1 0	22 35	22 32
21	1 43	18 59	0 43	3 35	1 56	16 34	1 1	20 10	1 4	22 28	22 24
23	1 43	18 59	0 43	3 33	1 55	16 38	1 1	20 8	1 8	22 20	22 17
25	1 43	18 58	0 43	3 31	1 55	16 42	1 1	20 6	1 12	22 13	22 9
27	1 43	18 58	0 43	3 29	1 55	16 46	1 1	20 4	1 16	22 5	22S 2
29	1 43	18 57	0 43	3 28	1 55	16 50	1 1	20 2	1 20	21 56	—
30	1N43	18S57	0N43	3S27	1S54	16N52	1N 1	20S 0	1S23	21S52	—

D.M	D.W	Sidereal Time (H. M. S.)	☉ Long.	☉ Dec.	☽ Long.	☽ Lat.	☽ Dec.	MIDNIGHT ☽ Long.	MIDNIGHT ☽ Dec.
1	Th	0 36 47	11♈ 6 51	4N24	27♊21 17	4N13	27N39	3♋51 40	27N15
2	F	0 40 43	12 6 3	4 47	10♋15 46	3 28	26 30	16 34 6	25 25
3	S	0 44 40	13 5 13	5 10	22 47 16	2 33	24 2	28 55 53	22 23
4	☉	0 48 36	14 4 20	5 33	5♌ 0 36	1 33	20 31	11♌ 2 1	18 27
5	M	0 52 33	15 3 25	5 56	17 0 47	0N29	16 12	22 57 28	13 49
6	Tu	0 56 29	16 2 27	6 19	28 52 38	0S35	11 20	4♍46 49	8 44
7	W	1 0 26	17 1 28	6 41	10♍40 29	1 36	6 5	16 34 5	3N22
8	Th	1 4 23	18 0 26	7 4	22 28 1	2 34	0N38	28 22 37	2S 7
9	F	1 8 19	18 59 22	7 26	4♎18 11	3 25	4S51	10♎14 59	7 32
10	S	1 12 16	19 58 16	7 49	16 13 15	4 7	10 11	22 13 11	12 44
11	☉	1 16 12	20 57 8	8 11	28 14 55	4 39	15 11	4♏18 38	17 30
12	M	1 20 9	21 55 58	8 33	10♏24 27	4 58	19 39	16 32 29	21 36
13	Tu	1 24 5	22 54 46	8 55	22 42 52	5 4	23 21	28 55 46	24 49
14	W	1 28 2	23 53 32	9 16	5♐11 19	4 55	26 0	11♐29 42	26 52
15	Th	1 31 58	24 52 16	9 38	17 51 7	4 32	27 24	24 15 48	27 34
16	F	1 35 55	25 50 59	9 59	0♑44 0	3 55	27 21	7♑15 59	26 46
17	S	1 39 52	26 49 40	10 21	13 52 4	3 5	25 47	20 32 30	24 26
18	☉	1 43 48	27 48 20	10 42	27 17 35	2 3	22 43	4♒ 7 34	20 40
19	M	1 47 45	28 47 58	11 3	11♒ 2 39	0S53	18 19	18 2 57	15 41
20	Tu	1 51 41	29♈45 34	11 23	25 8 30	0N22	12 48	2♓19 13	9 44
21	W	1 55 38	0♉45 8	11 44	9♓34 52	1 37	6S29	16 55 3	3S 8
22	Th	1 59 34	1 42 41	12 4	24 19 11	2 47	0N18	1♈46 31	3N44
23	F	2 3 31	2 41 12	12 24	9♈16 10	3 46	7 8	16 47 2	10 27
24	S	2 7 27	3 39 41	12 44	24 17 59	4 30	13 37	1♉47 49	16 34
25	☉	2 11 24	4 38 8	13 4	9♉15 17	4 56	19 15	16 39 15	21 37
26	M	2 15 21	5 36 34	13 24	23 58 38	5 1	23 38	1♊12 33	25 14
27	Tu	2 19 17	6 34 58	13 43	8♊20 15	4 47	26 25	15 21 14	27 10
28	W	2 23 14	7 33 19	14 2	22 15 9	4 16	27 29	29 1 53	27 22
29	Th	2 27 10	8 31 39	14 21	5♋41 30	3 32	26 51	12♋14 12	25 58
30	F	2 31 7	9♉29 57	14N40	18♋40 21	2N38	24N45	25♋ 0 26	23N14

| *E P H E M E R I S*] | | | **APRIL, 1971** | | | | 9 |

D	Venus		Mercury		☽	Mutual Aspects
M	Lat.	Dec.	Lat.	Dec.	Node	

Venus / Mercury / Node

D M	Venus Lat.	Venus Dec.	Mercury Lat.	Mercury Dec.	Node
1	0 S 43	10 S 54	2N 37	13N 53	21≈10
3	0 48	10 7	2 52	14 43	21 4
5	0 54	9 19	3 3	15 18	20 57
7	0 59	8 30	3 10	15 39	20 51
9	1 5	7 40	3 11	15 46	20 44
11	1 9	6 49	3 6	15 53	20 38
13	1 14	5 57	2 55	15 16	20 32
15	1 18	5 5	2 38	14 41	20 25
17	1 22	4 11	2 16	13 55	20 19
19	1 25	3 17	1 49	13 1	20 13
21	1 28	2 23	1 18	12 2	20 6
23	1 31	1 28	0 45	11 2	20 0
25	1 34	0 S 33	0 N10	10 3	19 54
27	1 36	0N 22	0 S 23	9 9	19 47
29	1 38	1 17	0 55	8 22	19 41
30	1 S 39	1N 45	1 S 10	8N 2	19≈38

Dec. interpolation column (Venus): 10 S 31, 9 43, 8 55, 8 5, 7 15, 6 23, 5 31, 4 38, 3 44, 2 50, 1 56, 1 1, 0 S 6, 0N 50

Dec. interpolation column (Mercury): 14N 20, 15 2, 15 30, 15 44, 15 43, 15 28, 15 0, 14 19, 13 29, 12 32, 11 32, 10 32, 9 35, 8N 45

Mutual Aspects

1.	☉ 8 ♅. ☿ ± ♃. ♀ □ Ψ.
2.	♂ ⊥ ♃.
3.	☉ □ ♂. ♀ □ ♃. ♀ ± ♅.
5.	☉ ⊥ ♄. ☿ ▽ Ψ. ♀ Q ♄.
8.	☉ ⊡ Ψ. ☿ ▽ ♅.
9.	☉ ⊥ ♂ P ♀. ☿ Stat.
11.	☉ ⊡ ♃. ♂ ∠ Ψ.
12.	☉ ∨ ♄.
13.	☿ ∠ ♀.
14.	☿ ▽ ♃.
15.	☉ ✳ ♂.
16.	♂ ∠ ♃.
17.	☉ ± Ψ. ♀ ✳ ♄.
18.	☉ ▽ P. ☿ ⊥ ♀. ♀ P ♅.
19.	☉ ♂ ☿. ☿ ± ♃. ♂ △ ♄.
20.	☉ ± ♃.
21.	☉ P ♀. ☿ ∨ ♀. ♀ 8 P.
22.	☿ ▽ P. ☉ ▽ Ψ.
24.	☉ ▽ P.
25.	☉ ▽ ♃. ☿ □ ♂. ♀ △ Ψ.
27.	♀ △ P.
28.	♂ △ P.
29.	☿ ∨ ♄.
30.	♀ ∠ ♄.

Planets

D M	Ψ Long.	♅ Long.	♄ Long.	♃ Long.	♂ Long.	♀ Long.	☿ Long.
1	2 ♐ 53	11≏33	20 ♉ 17	6 ♈ 20	11♈59	3)(28	29♈55
2	2 52	11 31	20 23	6 R18	12 34	4 40	0 ♉ 48
3	2 51	11 28	20 30	6 16	13 9	5 51	1 34
♃	2 50	11 25	20 37	6 14	13 44	7 3	2 13
5	2 49	11 23	20 43	6 12	14 19	8 14	2 46
6	2 48	11 20	20 50	6 9	14 53	9 26	3 11
7	2 47	11 18	20 57	6 6	15 28	10 38	3 30
8	2 46	11 15	21 4	6 3	16 3	11 50	3 41
9	2 45	11 12	21 11	6 0	16 37	13 1	3 46
10	2 44	11 10	21 18	5 57	17 11	14 13	3 R44
♃	2 43	11 7	21 25	5 54	17 46	15 25	3 36
12	2 42	11 5	21 32	5 50	18 20	16 37	3 21
13	2 41	11 2	21 39	5 46	18 54	17 48	3 2
14	2 40	11 0	21 46	5 43	19 28	19 0	2 37
15	2 39	10 57	21 54	5 39	20 2	20 12	2 7
16	2 37	10 55	22 1	5 34	20 35	21 24	1 33
17	2 36	10 52	22 8	5 30	21 9	22 36	0 56
♃	2 35	10 50	22 15	5 25	21 43	23 48	0 ♉ 17
19	2 34	10 47	22 23	5 21	22 16	25 0	29♈36
20	2 32	10 45	22 30	5 16	22 49	26 12	28 53
21	2 31	10 43	22 37	5 11	23 22	27 25	28 11
22	2 30	10 40	22 45	5 6	23 55	28 37	27 29
23	2 28	10 38	22 52	5 0	24 28	29)(49	26 49
24	2 27	10 36	23 0	4 55	25 1	1♈ 1	26 10
♃	2 26	10 33	23 7	4 49	25 33	2 13	25 34
26	2 24	10 31	23 15	4 44	26 6	3 26	25 1
27	2 23	10 29	23 22	4 38	26 38	4 38	24 32
28	2 22	10 27	23 30	4 32	27 10	5 50	24 7
29	2 20	10 24	23 37	4 26	27 42	7 2	23 46
30	2 ♐ 19	10≏22	23 ♉ 45	4 ♈ 19	28♈14	8♈14	23♈30

Lunar Aspects

D M	☉	P	Ψ	♅	♄	♃	♂	♀	☿
1	□				□	∠			✳
2							8	△	
3	✳	⊡		✳	⊡				
4			△			△			□
5	△	∠		✳	□				
6	⊡	∨	□	∠			⊡		△
7			∨				△	8	
8		♂		△					⊡
9		✳		⊡	✳				
10	8	∠	♂		∠	□			
11	∨	∨				⊡	8		
12			∨		∨				
13	✳		∠	8		✳	△		
14	⊡	♂	✳		♂	∠			
15			□	∨			∨	□	⊡
16	△	□		⊡	□				△
17		∠	□		∠		△		
18	□	△	✳		△			♂	✳ □
19		⊡		△			✳		∠
20	✳		⊡	□			∨	∨	✳
21	∠		□					∠	
22		8			✳		✳	✳	∨
23	∨		△	8	∠	△		♂	∨
24			⊡		∨	⊡		∨	♂
25	♂	⊡						∨	
26		△		⊡	♂		△	∠	∨
27	∨		8	△		8	⊡	✳	∠
28	∠	□			∨				✳
29	✳			□	∠			□	
30		⊡		✳	⊡				□

10					**MAY, 1971**						[R A P H A E L' S

D	Neptune		Herschel		Saturn		Jupiter		Mars		
M	Lat.	Dec.	Lat.	Dec.	Lat.	Dec.	Lat.	Dec.	Lat.	Dec.	
1	1 N 43	18 S 56	0 N 43	3 S 26	1 S 54	16 N 54	1 N 1	19 S 59	1 S 25	21 S 48	21 S 43
3	1 43	18 56	0 43	3 24	1 54	16 58	1 1	19 57	1 29	21 39	21 35
5	1 43	18 55	0 43	3 23	1 54	17 2	1 1	19 54	1 34	21 30	21 26
7	1 43	18 54	0 43	3 21	1 54	17 5	1 1	19 52	1 39	21 21	21 17
9	1 43	18 54	0 43	3 20	1 54	17 9	1 1	19 49	1 44	21 12	21 8
11	1 43	18 53	0 43	3 19	1 54	17 13	1 1	19 47	1 49	21 3	20 59
13	1 43	18 53	0 43	3 17	1 53	17 17	1 1	19 44	1 54	20 54	20 50
15	1 43	18 52	0 43	3 16	1 53	17 21	1 1	19 41	2 0	20 45	20 41
17	1 43	18 51	0 42	3 15	1 53	17 24	1 1	19 39	2 5	20 36	20 32
19	1 43	18 51	0 42	3 14	1 53	17 28	1 0	19 36	2 11	20 27	20 23
21	1 43	18 50	0 42	3 13	1 53	17 32	1 0	19 33	2 16	20 19	20 14
23	1 43	18 49	0 42	3 12	1 53	17 35	1 0	19 30	2 22	20 10	20 6
25	1 43	18 49	0 42	3 11	1 53	17 39	1 0	19 27	2 28	20 2	19 57
27	1 43	18 48	0 42	3 10	1 53	17 43	1 0	19 24	2 35	19 53	19 49
29	1 43	18 47	0 42	3 9	1 53	17 46	0 59	19 21	2 41	19 46	19 42
31	1 N 43	18 S 47	0 N 42	3 S 9	1 S 53	17 N 50	0 N 59	19 S 18	2 S 48	19 S 38	19 S 42

D	D	Sidereal	⊙	⊙	☽	☽	☽	**MIDNIGHT**	
M	W	Time	Long.	Dec.	Long.	Lat.	Dec.	☽ Long.	☽ Dec.
		H. M. S.							
1	S	2 35 3	10 ♉ 28 13	14 N 58	1 ♌ 14 58	1 N 37	21 N 28	7 ♌ 24 35	19 N 29
2	☉	2 39 0	11 26 26	15 16	13 29 56	0 N 34	17 19	19 31 43	15 0
3	M	2 42 56	12 24 38	15 34	25 30 35	0 S 30	12 33	1 ♍ 27 14	10 1
4	Tu	2 46 53	13 22 47	15 52	7 ♍ 22 20	1 31	7 24	13 16 31	4 N 43
5	W	2 50 50	14 20 55	16 9	19 10 22	2 28	2 N 1	25 4 28	0 S 43
6	Th	2 54 46	15 19 0	16 26	0 ♎ 59 19	3 18	3 S 26	6 ♎ 55 22	6 8
7	F	2 58 43	16 17 4	16 43	12 53 2	4 1	8 47	18 52 39	11 23
8	S	3 2 39	17 15 6	16 59	24 54 31	4 33	13 53	0 ♏ 58 52	16 16
9	☉	3 6 36	18 13 6	17 16	7 ♏ 5 51	4 53	18 30	13 15 37	20 33
10	M	3 10 32	19 11 5	17 31	19 28 14	5 0	22 24	25 43 44	24 1
11	Tu	3 14 29	20 9 2	17 47	2 ♐ 7 4	5 22	25 20	8 ♐ 23 23	26 21
12	W	3 18 25	21 6 58	18 3	14 47 31	4 30	27 2	21 14 28	27 22
13	Th	3 22 22	22 4 52	18 18	27 44 15	3 53	27 19	4 ♑ 16 50	26 52
14	F	3 26 19	23 2 45	18 32	10 ♑ 52 17	3 4	26 3	17 30 36	24 51
15	S	3 30 15	24 0 36	18 47	24 11 55	2 3	23 18	0 ♒ 56 17	21 25
16	☉	3 34 12	24 58 27	19 1	7 ♒ 43 51	0 S 55	19 14	14 34 42	16 46
17	M	3 38 8	25 56 16	19 15	21 28 59	0 N 17	14 4	28 26 45	11 11
18	Tu	3 42 5	26 54 4	19 28	5 ♓ 28 4	1 30	8 7	12 ♓ 32 52	4 S 56
19	W	3 46 1	27 51 50	19 41	19 41 4	2 38	1 S 40	26 52 25	1 N 39
20	Th	3 49 58	28 49 36	19 54	4 ♈ 6 35	3 47	4 N 57	11 ♈ 23 7	8 13
21	F	3 53 54	29 ♉ 47 21	20 7	18 41 24	4 23	11 23	26 0 43	14 23
22	S	3 57 51	0 Ⅱ 45 4	20 19	3 ♉ 20 16	4 52	17 12	10 ♉ 39 8	19 45
23	☉	4 1 48	1 42 47	20 31	17 56 23	5 1	22 0	25 11 7	23 53
24	M	4 5 44	2 40 28	20 42	2 Ⅱ 22 25	4 51	25 24	9 Ⅱ 29 28	26 29
25	Tu	4 9 41	3 38 8	20 53	16 31 36	4 24	27 23	28 13 27	27 21
26	W	4 13 37	4 35 47	21 4	0 ♋ 18 57	3 41	27 8	7 ♋ 3 31	26 30
27	Th	4 17 34	5 33 24	21 14	13 41 51	2 47	25 31	20 13 59	24 11
28	F	4 21 30	6 31 0	21 24	26 40 9	1 46	22 34	3 ♌ 0 39	20 41
29	S	4 25 27	7 28 35	21 34	9 ♌ 15 54	0 N 41	18 16	15 26 24	16 21
30	☉	4 29 23	8 26 8	21 43	21 32 43	0 S 24	13 57	27 35 28	11 26
31	M	4 33 20	9 Ⅱ 23 39	21 N 52	3 ♍ 35 18	1 S 27	8 N 50	9 ♍ 32 52	6 N 11

| EPHEMERIS] | | | | | | MAY, 1971 | | | | 11 |

Upper Table

D M	Venus Lat.	Venus Dec.		Mercury Lat.	Mercury Dec.		Node ☽	Mutual Aspects
1	1 S 40	2N 13	2N 41	1 S 25	7N 45	7N 29	19≈35	1. ⊙▽♅. 2. ♀⚹♅.
3	1 41	3 8	3 36	1 51	7 16	7 6	19 28	3. ⊙□♇. ☿ Stat. ♀Q♂.
5	1 42	4 4	4 31	2 15	6 59	6 54	19 22	4. ♀P♅. 5. ⊙⊻♀, P♇.
7	1 43	4 59	5 26	2 34	6 51	6 51	19 15	7. ⊙±♅. ♀□♅.
9	1 43	5 53	6 20	2 50	6 53	6 58	19 9	8. ♀□♃. ♂⚹♀.
11	1 43	6 48	7 15	3 2	7 5	7 14	19 3	9. ⊙P♄. ♀±♄.
13	1 42	7 41	8 8	3 12	7 25	7 38	18 56	10. ☿⊻♄. ♂⚹♃. ♄□♅.
15	1 42	8 35	9 1	3 17	7 53	8 9	18 50	12. ♀P♀. ±♀.
17	1 41	9 27	9 53	3 20	8 28	8 48	18 44	13. ☿±♃. ▽♇. 14. ♀⊻♄.
19	1 40	10 19	10 45	3 20	9 10	9 33	18 37	15. ⊙P♀. ♀±♃, ±♀.
21	1 38	11 10	11 35	3 17	9 57	10 23	18 31	16. ⊙□♅. ♀▽♇.
23	1 37	12 0	12 25	3 11	10 50	11 18	18 25	17. ⊙♂♄. 18. ⊙△♇.
25	1 35	12 49	13 13	3 3	11 47	12 17	18 18	19. ⊙P♃. ☿⊻♃. ▽♀.
27	1 33	13 37	14 0	2 52	12 48	13 19	18 12	20. ☿±♇. ♀▽♃, ▽♀.
29	1 30	14 23	14N 46	2 39	13 51	14N 24	18 6	21. ♀±♇.
31	1 S 28	15N 9		2 S 25	14N 58		17≈59	22. ⊙P♂. ♃♂♀.
								23. ⊙♂♃, ♂♀. ♂△♅.
								25. ☿▽♅. ♄△♇.
								26. □⊻♇. ♀▽♅.
								27. ☿□♇. ♀□♂.
								28. ♀⊻♇.
								29. ☿±♅. ♂□♇.
								30. ♂Q♃.
								31. ⊙△♅. ♀±♅.

Lower Table

D M	Ψ Long.	♅ Long.	♄ Long.	♃ Long.	♂ Long.	♀ Long.	☿ Long.	Lunar Aspects ⊙	♇	Ψ	♅	♄	♃	♂	♀	☿
1	2♐17	10≈20	23♉53	4♐13	28♑46	9♈27	23♈18	⚹	△		⚹			△		8
2	2 16	10 18	24 0	4 R♃7	29 17	10 39	23 R♃11	□	∠		⚹		∠		△	
3	2 14	10 16	24 0	4 0	29♑48	11 51	23 9	⊻		□	⊻		□		Q	
4	2 13	10 14	24 16	3 54	0≈19	13 3	23D12			□	⊻		□			△
5	2 11	10 12	24 23	3 47	0 50	14 16	23 19	△				△			Q	
6	2 10	10 10	24 31	3 40	1 21	15 28	23 31	Q	d	⚹				⚹	△	
7	2 8	10 8	24 39	3 33	1 52	16 41	23 48		∠	d	Q		∠		8	
8	2 6	10 6	24 46	3 26	2 22	17 53	24 9									8
9	2 5	10 4	24 54	3 19	2 52	19 5	24 35	⊻	⊻	⊻		⊻				
10	2 3	10 2	25 2	3 12	3 22	20 18	25 5	8			∠	8				
11	2 2	10 0	25 9	3 5	3 52	21 30	25 39	⚹	d			d	⚹		□	
12	2 0	9 59	25 17	2 57	4 21	22 43	26 17	□		⚹			∠			□
13	1 59	9 57	25 25	2 50	4 51	23 55	26 58	□	⊻		⊻		△	△	
14	1 57	9 55	25 33	2 43	5 20	25 7	27 43	Q		∠	□	Q	⊻	
15	1 55	9 54	25 41	2 35	5 48	26 20	28 32	△	△			△	∠	□	□
16	1 54	9 52	25 48	2 28	6 17	27 32	29♈24		Q	⚹	△		⚹	•	
17	1 52	9 50	25 56	2 20	6 45	28 45	0♉20	□			Q	□		
18	1 51	9 49	26 4	2 13	7 13	29♈58	1 19			□		⊻	⚹	⚹
19	1 49	9 48	26 12	2 5	7 41	1♉10	2 20			⚹	∠	∠	∠
20	1 47	9 46	26 19	1 58	8 9	2 23	3 25	⚹	8	△	8	△	⚹	⊻	⊻
21	1 46	9 45	26 27	1 50	8 36	3 35	4 33	∠		Q	∠	Q	
22	1 44	9 43	26 34	1 42	9 3	4 48	5 44	⊻		⊻	□	d	d
23	1 42	9 42	26 43	1 35	9 30	6 1	6 57	Q		Q	⊻	⊻
24	1 41	9 41	26 50	1 27	9 56	7 13	8 13	d	△	8	d	8	⊻	⊻
25	1 39	9 40	26 58	1 19	10 22	8 26	9 32	⊻				△
26	1 38	9 39	27 6	1 12	10 48	9 38	10 53	⊻	□	⊻	Q	∠	∠
27	1 36	9 37	27 14	1 4	11 13	10 51	12 17			□	⊻	∠	Q	⚹	⚹
28	1 34	9 36	27 21	0 56	11 38	12 4	13 43	∠	⚹	△	⚹	△
29	1 33	9 35	27 29	0 49	12 3	13 16	15 12	⚹	∠	⚹	8	□
30	1 31	9 34	27 37	0 41	12 27	14 29	16 44	⊻	∠		□
31	1♐30	9≈34	27♉44	0♐34	12≈51	15♉42	18♉18			□	□	□

NEW MOON—June 22d, 9h. 58m. p.m.

12	JUNE, 1971										[RAPHAEL'S
D M	**Neptune**		**Herschel**		**Saturn**		**Jupiter**		**Mars**		
	Lat.	Dec.	Lat.	Dec.	Lat.	Dec.	Lat.	Dec.	Lat.	Dec.	
1	1N43	18S46	0N42	3S 8	1S53	17N51	0N59	19S17	2S51	19S34	19S31
3	1 43	18 46	0 42	3 8	1 53	17 55	0 59	19 14	2 58	19 28	19 24
5	1 43	18 45	0 42	3 7	1 53	17 58	0 58	19 11	3 5	19 21	19 18
7	1 43	18 45	0 42	3 7	1 53	18 1	0 58	19 9	3 12	19 15	19 12
9	1 43	18 44	0 42	3 7	1 53	18 5	0 58	19 6	3 19	19 9	19 7
11	1 43	18 44	0 42	3 6	1 53	18 8	0 58	19 3	3 26	19 4	19 2
13	1 43	18 43	0 41	3 6	1 53	18 11	0 57	19 1	3 34	19 0	18 58
15	1 43	18 42	0 41	3 6	1 53	18 14	0 57	18 59	3 42	18 56	18 55
17	1 43	18 42	0 41	3 6	1 53	18 17	0 56	18 56	3 50	18 53	18 52
19	1 43	18 41	0 41	3 6	1 53	18 20	0 56	18 54	3 58	18 51	18 50
21	1 43	18 41	0 41	3 7	1 53	18 23	0 56	18 52	4 6	18 50	18 49
23	1 43	18 40	0 41	3 7	1 53	18 26	0 55	18 50	4 14	18 49	18 49
25	1 42	18 40	0 41	3 7	1 53	18 28	0 55	18 48	4 22	18 49	18 50
27	1 42	18 39	0 41	3 8	1 53	18 31	0 54	18 46	4 31	18 50	18S51
29	1 42	18 39	0 41	3 8	1 54	18 34	0 54	18 45	4 39	18 52	
30	1N42	18S39	0N41	3 S 9	1S54	18N35	0N54	18S44	4S44	18S54	

D M	D W	Sidereal Time	☉ Long.	☉ Dec.	☽ Long.	☽ Lat.	☽ Dec.	**MIDNIGHT** ☽ Long.	☽ Dec.
		H. M. S.	° ′ ″	° ′	° ′ ″	° ′	° ′	° ′ ″	° ′
1	Tu	4 37 17	10Ⅱ21 10	22N 0	15♍28 52	2S26	3N29	21♍23 56	0N46
2	W	4 41 13	11 18 39	22 8	27 18 46	3 17	1S57	3♎13 57	4S39
3	Th	4 45 10	12 16 7	22 16	9♎50 6	4 1	7 19	15 7 46	9 56
4	F	4 49 6	13 13 33	22 24	21 7 29	4 34	12 28	27 9 41	14 55
5	S	4 53 3	14 10 59	22 30	3♏14 45	4 55	17 13	9♏23 2	19 23
6	☉	4 56 59	15 8 23	22 37	15 34 48	5 4	21 21	21 50 12	23 5
7	M	5 0 56	16 5 47	22 43	28 9 23	4 57	24 35	4♐32 23	25 47
8	Tu	5 4 52	17 3 9	22 49	10♐59 10	4 36	26 39	17 29 40	27 10
9	W	5 8 49	18 0 31	22 54	24 3 45	4 0	27 19	0♑41 15	27 4
10	Th	5 12 46	18 57 52	22 59	7♑21 58	3 11	26 25	14 5 40	25 22
11	F	5 16 42	19 55 12	23 4	20 52 9	2 9	23 57	27 41 12	22 11
12	S	5 20 39	20 52 32	23 8	4♒32 38	1S 0	20 6	11♒26 15	17 44
13	☉	5 24 35	21 49 51	23 12	18 21 55	0N14	15 7	25 19 28	12 17
14	M	5 28 32	22 47 9	23 15	2)(18 49	1 28	9 17	9)(19 51	6S10
15	Tu	5 32 28	23 44 27	23 18	16 22 26	2 37	2S58	23 26 27	0N16
16	W	5 36 25	24 41 45	23 20	0♈31 45	3 37	3N31	7♈38 7	6 44
17	Th	5 40 21	25 39 3	23 22	14 45 20	4 24	9 52	21 53 5	12 52
18	F	5 44 18	26 36 20	23 24	29 0	4 55	15 43	6♉8 3	18 18
19	S	5 48 15	27 33 37	23 25	13♉15 32	5 7	20 41	20 21 10	22 45
20	☉	5 52 11	28 30 54	23 26	27 24 59	5 1	24 28	4Ⅱ26 24	25 48
21	M	5 56 8	29Ⅱ28 10	23 27	11Ⅱ24 54	4 37	26 43	18 19 56	27 13
22	Tu	6 0 4	0♋25 27	23 27	25 1	2 3	57 27	1♋57 50	26 57
23	W	6 4 1	1 22 42	23 26	8♋40	0 3	4 26	13 15 17 20	25 7
24	Th	6 7 57	2 19 58	23 25	21 49 43	2 3	3 23	42 28 17 9	21 59
25	F	6 11 54	3 17 13	23 24	4♌39	42 0N56	20 1	10♌57 35	17 51
26	S	6 15 51	4 14 27	23 23	17 11	3 0S11	15 30	23 20 29	13 2
27	☉	6 19 47	5 11 41	23 21	29 26 16	1 17	10 28	5♍28 55	7 49
28	M	6 23 44	6 8 54	23 18	11♍28 56	2 19	5N 7	17 26 54	2N24
29	Tu	6 27 40	7 6 7	23 15	23 23 24	3 13	0S20	29 19 4	3S 3
30	W	6 31 37	8♋3 20	23N12	5♎14 30	3S59	5S45	11♎10 20	8S23

FIRST QUARTER—June 1d, 0h. 43m. a.m. and June 30d, 6h. 12m. p.m.

E P H E M E R I S] **JUNE, 1971** 13

D M	Venus Lat	Venus Dec		Mercury Lat	Mercury Dec		Node
1	1 S 26	15N 31	15N 53	2 S 17	15N 32	16N 6	17♒56
3	1 23	16 14		1 59	16 40	17 14	17 50
5	1 20	16 55	16 35	1 40	17 49	18 23	17 43
7	1 16	17 35	17 16	1 19	18 57	19 30	17 37
9	1 13	18 13	17 55 / 18 32	0 58	20 3	20 34	17 31
11	1 9	18 50	19 7	0 36	21 5	21 35	17 24
13	1 5	19 24	19 40	0 S 14	22 3	22 29	17 18
15	1 1	19 56	20 12	0 N 8	22 54	23 16	17 12
17	0 56	20 27	20 41	0 29	23 36	23 54	17 5
19	0 52	20 55	21 8	0 48	24 10	24 22	16 59
21	0 47	21 20	21 33	1 6	24 32	24 40	16 53
23	0 43	21 44	21 55	1 21	24 44	24 45	16 46
25	0 38	22 5	22 15	1 33	24 44	24 40	16 40
27	0 33	22 24	22N 32	1 43	24 33	24N 24	16 33
29	0 28	22 40		1 49	24 13		16 27
30	0 S 26	22N 47	—	1N 51	23N 58	—	16♒24

Mutual Aspects

1. ☿P ♀.
2. ♀PP. ♀P P. ♂Q Ψ.
4. ☿□♅. 5. ♀P h, △ P.
6. ⊙△♂. ☿♂h.
7. ☿♂♀, P♃, ♀Ψ, PΨ.
   [♀□♅. P Stat.
8. ☿P♂. ☿Ph. 9. ♀△P.
11. ♀♂♃, ♂h, PΨ.
12. ☿△♅. ♀P♂, P♃.
   [♂P♃. ♃♂h.
13. ♀♀♀. 16. ⊙P☿. ☿△♂
17. ♅ Stat. 18. ⊙□P.
20. ⊙▽♃. ☿□P.
21. ⊙△♂. ☿♀♀h. [♀△♅.
22. ⊙✓h. ☿▽Ψ.
23. ⊙▽Ψ. ☿±♃.
24. ☿□♂, ⅃h, ±Ψ.
25. h♀♀. [♂P♃.
26. ⊙±♃. ♀□♅.
27. ☿□♂.
28. ⊙±♂. ☿± ♂, QP.
29. ⊙⊥h, ±Ψ. ☿∠h,
   [□♀. ♀△♂. ♂±P.

D M	Ψ Long	♅ Long	h Long	♃ Long	♂ Long	♀ Long	☿ Long
1	1♐28	9≏33	27♉52	0♐26	13≈15	16♉55	19♉54
2	1 26	9 32	28 0	0 R♐19	13 38	18 7	21 33
3	1 25	9 31	28 7	0 12	14 1	19 20	23 14
4	1 23	9 30	28 15	0♐ 4	14 24	20 33	24 58
5	1 22	9 30	28 22	29♏57	14 46	21 46	26 45
6	1 20	9 29	28 30	29 50	15 7	22 58	28♉33
7	1 18	9 29	28 37	29 43	15 29	24 11	0♊24
8	1 17	9 28	28 45	29 36	15 50	25 24	2 18
9	1 15	9 28	28 53	29 29	16 10	26 37	4 14
10	1 14	9 27	29 0	29 22	16 30	27 50	6 12
11	1 12	9 27	29 7	29 15	16 49	29♉ 2	8 12
12	1 11	9 27	29 15	29 9	17 8	0♊15	10 14
13	1 9	9 26	29 22	29 2	17 27	1 28	12 18
14	1 8	9 26	29 30	28 56	17 45	2 41	14 24
15	1 6	9 26	29 37	28 49	18 2	3 54	16 32
16	1 5	9 26	29 44	28 43	18 19	5 7	18 40
17	1 3	9 26	29 51	28 37	18 36	6 20	20 50
18	1 2	9 26	29♉59	28 31	18 52	7 33	23 1
19	1 1	9 26	0♊ 6	28 25	19 7	8 46	25 12
20	0 59	9 26	0 13	28 19	19 22	9 59	27 24
21	0 58	9 26	0 20	28 13	19 36	11 12	29♊36
22	0 56	9 27	0 27	28 8	19 49	12 25	1♋47
23	0 55	9 27	0 34	28 2	20 2	13 38	3 58
24	0 54	9 27	0 41	27 57	20 14	14 51	6 8
25	0 52	9 28	0 48	27 52	20 26	16 4	8 18
26	0 51	9 28	0 55	27 47	20 37	17 17	10 26
27	0 50	9 29	1 2	27 42	20 47	18 30	12 32
28	0 49	9 29	1 9	27 38	20 57	19 44	14 38
29	0 47	9 30	1 16	27 33	21 6	20 57	16 41
30	0♐46	9≏30	1♊23	27♏29	21≈14	22♊10	18♋43

Lunar Aspects columns (⊙ P Ψ ♅ h ♃ ♂ ♀ ☿) are printed to the right of each row with the corresponding aspect glyphs.

14   JULY, 1971   [RAPHAEL'S

D M	Neptune Lat.	Neptune Dec.	Herschel Lat.	Herschel Dec.	Saturn Lat.	Saturn Dec.	Jupiter Lat.	Jupiter Dec.	Mars Lat.	Mars Dec.	Mars Dec.
1	1N42	18S39	0N41	3S 9	1S54	18N36	0N53	18S43	4S48	18S55	18S57
3	1 42	18 38	0 41	3 10	1 54	18 39	0 53	18 42	4 56	18 59	19 1
5	1 42	18 38	0 41	3 10	1 54	18 41	0 53	18 40	5 5	19 4	19 7
7	1 42	18 37	0 40	3 11	1 54	18 44	0 52	18 39	5 13	19 9	19 13
9	1 42	18 37	0 40	3 12	1 54	18 46	0 52	18 39	5 22	19 16	19 20
11	1 42	18 37	0 40	3 13	1 54	18 48	0 51	18 38	5 30	19 24	19 28
13	1 42	18 36	0 40	3 14	1 55	18 51	0 51	18 37	5 38	19 32	19 36
15	1 42	18 36	0 40	3 15	1 55	18 53	0 50	18 37	5 46	19 41	19 46
17	1 41	18 36	0 40	3 17	1 55	18 55	0 50	18 37	5 54	19 51	19 57
19	1 41	18 36	0 40	3 18	1 55	18 57	0 49	18 37	6 2	20 2	20 8
21	1 41	18 36	0 40	3 19	1 55	18 59	0 49	18 37	6 9	20 13	20 19
23	1 41	18 35	0 40	3 21	1 56	19 0	0 48	18 37	6 16	20 25	20 32
25	1 41	18 35	0 40	3 22	1 56	19 2	0 48	18 37	6 22	20 38	20 44
27	1 41	18 35	0 40	3 24	1 56	19 4	0 47	18 38	6 28	20 51	20 57
29	1 41	18 35	0 40	3 26	1 56	19 6	0 47	18 39	6 33	21 3	21 S 10
31	1N41	18S35	0N40	3S28	1S57	19N 7	0N46	18S40	6S38	21S16	

D M	D W	Sidereal Time	⊙ Long.	⊙ Dec.	☽ Long.	☽ Lat.	☽ Dec.	MIDNIGHT ☽ Long.	☽ Dec.
		H. M. S.							
1	Th	6 35 33	9♋ 0 32	23N 8	17≏ 7 12	4S35	10S58	23≏ 5 42	13S27
2	F	6 39 30	9 57 44	23 4	29 6 24	5 0	15 49	5♏ 9 51	18 4
3	S	6 43 26	10 54 55	23 0	11♏16 34	5 11	20 8	17 26 58	22 1
4	☉	6 47 23	11 52 6	22 55	23 41 28	5 9	23 40	0♐ 0 22	25 3
5	M	6 51 20	12 49 17	22 50	6♐23 54	4 50	26 9	12 52 15	26 54
6	Tu	6 55 16	13 46 28	22 44	19 25 27	4 17	27 18	26 3 30	27 18
7	W	6 59 13	14 43 39	22 38	2♑46 15	3 29	26 54	9♑33 31	26 6
8	Th	7 3 9	15 40 50	22 31	16 25 1	2 29	24 54	23 20 23	23 18
9	F	7 7 6	16 38 1	22 25	0≈19 13	1 18	21 21	7≈21 3	19 5
10	S	7 11 2	17 35 12	22 17	14 25 24	0S 1	16 32	21 31 47	13 44
11	☉	7 14 59	18 32 23	22 10	28 39 42	1N16	10 45	5♓48 39	7 37
12	M	7 18 55	19 29 35	22 2	12♓58 13	2 29	4S23	20 7 56	1S 7
13	Tu	7 22 52	20 26 47	21 53	27 17 25	3 33	2N11	4♈26 18	5N26
14	W	7 26 49	21 23 59	21 45	11♈34 16	4 24	8 37	18 41 1	11 41
15	Th	7 30 45	22 21 13	21 35	25 46 16	4 58	14 35	2♉49 47	17 16
16	F	7 34 42	23 18 27	21 26	9♉51 18	5 14	19 43	16 50 36	21 53
17	S	7 38 38	24 15 41	21 16	23 47 29	5 11	23 44	0♊41 44	25 14
18	☉	7 42 35	25 12 57	21 6	7♊33 8	4 50	26 21	14 21 30	27 3
19	M	7 46 31	26 10 13	20 55	21 6 39	4 13	27 22	27 48 25	27 15
20	Tu	7 50 28	27 7 30	20 44	4♋26 41	3 23	26 45	11♋ 1 18	25 53
21	W	7 54 24	28 4 47	20 33	17 33 12	2 23	24 40	23 59 21	23 8
22	Th	7 58 21	29 2 5	20 21	0♌22 43	1 17	21 20	6♌42 22	19 18
23	F	8 2 18	29♋59 23	20 9	12 58 22	0N 8	17 4	19 10 53	14 40
24	S	8 6 14	0♌56 42	19 57	25 20 6	1S 0	12 9	1♍26 15	9 32
25	☉	8 10 11	1 54 1	19 44	7♍29 38	2 4	6 51	13 30 35	4N 7
26	M	8 14 7	2 51 21	19 29	19 29 3	2 1	1N22	25 26 47	1S22
27	Tu	8 18 4	3 48 41	19 18	1≏22 55	3 51	4S 5	7≏18 23	6 46
28	W	8 22 0	4 46 2	19 5	13 13 43	4 31	9 23	19 9 28	11 55
29	Th	8 25 57	5 43 23	18 51	25 6 12	4 59	14 21	1♏ 4 30	16 40
30	F	8 29 53	6 40 45	18 36	7♏ 4 55	5 14	18 49	13 8 3	20 49
31	S	8 33 50	7♌38 7	18N22	19♏14 27	5S16	22S36	25♏24 41	24S 9

FIRST QUARTER—July 30d, 11h. 8m. a.m.

D	Venus			Mercury			☽	Mutual Aspects
M	Lat.	Dec.		Lat.	Dec.		Node	
	o ′	o ′		o ′	o ′		o ′	1. ☿▽♂. 2. ⊙□♅. ♄P♀.
1	0 S 24	22N 53	22N 59	1N 53	23N 42	23N 24	16≈21	3. ⊙P ♀, P ♀. ♀P ♀.
3	0 19	23 4		1 54	23 4	22 42	16 14	4. ⊙ □ 2l. ☿△ 2l, ✶P. ♀
5	0 14	23 12	23 9	1 51	22 18	21 53	16 8	[▽2l, □P. 2lPh.
7	0 9	23 18	23 15	1 47	21 27	20 59	16 2	5. ☿∨ ♀, Q♅ 2l✶P.
9	0 S 4	23 21	23 20	1 40	20 30	20 0	15 55	6. ☿△♀. 7. ☿✶h. ♀∨♀.
			23 21					8. ⊙±♂,□♅,Q♀. ♀∨h.
11	0N 1	23 21	23 20	1 30	19 29	18 57	15 49	9. ♀±2l. 10. ⊙∠h.
13	0 6	23 18	23 16	1 19	18 25	17 52	15 43	11. ☿P♀, ✶♅. ♂ Stat.
15	0 11	23 13	23 9	1 6	17 19	16 45	15 36	12. ☿Ph. ♀□♂, ±♀.
17	0 16	23 5	22 59	0 51	16 10	15 36	15 30	13. ☿P2l. ♀∠P.
19	0 21	22 54	22 47	0 34	15 1	14 26	15 24	14. ⊙▽♂. ♀⊥h, □♅.
								15. ☿Qh. 16. ♀□2l.
21	0 25	22 40	22 32	0N 16	13 51	13 17	15 17	17. ☿PP. [♂, □♀, Q P.
23	0 30	22 24	22 15	0 S 4	12 42	12 8	15 11	19. ⊙△2l. ☿♂♂, ⊥P. ☿±
25	0 34	22 5	21 55	0 25	11 34	11 0	15 4	20. ⊙✶P. ⊙±P.
27	0 39	21 44	21 32	0 47	10 27	9 54	14 58	21. ⊙Q♅.
29	0 43	21 20	21N 7	1 10	9 22	8N 51	14 52	22. ⊙P♂. ☿∠♅. ♀∠P.
31	0N 47	20N 53		1 S 33	8N 20		14≈45	23. ⊙△♀. ☿□2l.
								24. ☿∨P. ♀▽♂. 2l Stat.
								27. ⊙✶h. ☿□♀.
								28. ⊙Ph. ♀△2l.29. ♀Q♅,✶P.
								30. ⊙P2l, P♅. ☿⊥♅. ☿P♂.
								31. ☿□h. ♀△♀.

D	♆	♅	♄	2l	♂	♀	☿	Lunar Aspects								
M	Long.	Long.	Long.	Long.	Long.	Long.	Long.	⊙	P	♆	♅	♄	2l	♂	♀	☿
	o ′	o ′	o ′	o ′	o ′	o ′	o ′									
1	0 ♐ 45	9≏31	1 ♊ 29	27♏ 25	21≈22	23♊23	20♋43				∠		□	∠	△	□
2	0 44	9 32	1 36	27 ℞21	21 29	24 36	22 41		∨	∨				∨		△
3	0 43	9 33	1 43	27 17	21 35	25 50	24 37	△	∠		∨				□	
4	0 41	9 33	1 49	27 13	21 40	27 3	26 32	□	✶			∠		♂	□	△
5	0 40	9 34	1 56	27 10	21 45	28 16	28♋24			♂	✶		♂			
6	0 39	9 35	2 2	27 6	21 49	29♊29	0♌14		□	∨				✶		□
7	0 38	9 36	2 9	27 3	21 52	0♋43	2 2		□	∨				∨	∠	♂
8	0 37	9 37	2 15	27 0	21 55	1 56	3 49	♂		∠	□	□		∨		
9	0 36	9 39	2 22	26 57	21 56	3 9	5 33	△	✶		△	✶				♂
10	0 35	9 40	2 28	26 54	21 57	4 23	7 15	□		△				□		
11	0 34	9 41	2 34	26 52	21 ℞57	5 36	8 55	□		□	□	□	□	♂		
12	0 33	9 42	2 40	26 50	21 57	6 49	10 33	△								△
13	0 32	9 44	2 46	26 47	21 56	8 3	12 9		♂	△		✶	△	∨		□
14	0 31	9 45	2 52	26 45	21 53	9 16	13 43			□	♂	□	∠		△	△
15	0 31	9 46	2 58	26 44	21 50	10 30	15 15	□							✶	
16	0 30	9 48	3 4	26 42	21 47	11 43	16 45		□			∨			✶	
17	0 29	9 49	3 10	26 41	21 42	12 57	18 13	✶	△	♂	□		♂	□	∠	□
18	0 28	9 51	3 16	26 40	21 37	14 10	19 39	∠		△	♂					
19	0 27	9 53	3 22	26 38	21 31	15 24	21 3	∨	□						△	∨
20	0 27	9 54	3 27	26 38	21 24	16 38	22 24			□	∨				∨	✶
21	0 26	9 56	3 33	26 37	21 17	17 51	23 44			□		∠	□			∠
22	0 25	9 58	3 38	26 36	21 9	19 5	25 1	♂	✶	△		✶	△			∨
23	0 25	10 0	3 44	26 36	21 0	20 18	26 16	∠			✶					
24	0 24	10 1	3 49	26D 36	20 51	21 32	27 28	∨	∨	∠		□		♂	∨	♂
25	0 24	10 3	3 55	26 36	20 41	22 46	28 38			∨	□				∠	
26	0 23	10 5	4 0	26 36	20 30	23 59	29♌46	∠								✶
27	0 22	10 7	4 5	26 37	20 19	25 13	0♏51	✶	♂	✶		△	✶	□		∨
28	0 22	10 9	4 10	26 37	20 7	26 27	1 53				∠	♂				∠
29	0 22	10 11	4 15	26 38	19 54	27 41	2 53	∨	∨	□		Q	△	□		
30	0 21	10 14	4 20	26 39	19 41	28♋55	3 50	□	∠		∨					✶
31	0 ♐ 21	10≏16	4 ♊ 25	26♏40	19≈28	0♌ 8	4♏44			∠			□		

16   **AUGUST, 1971**   [*RAPHAEL'S*

D M	Neptune Lat.	Neptune Dec.	Herschel Lat.	Herschel Dec.	Saturn Lat.	Saturn Dec.	Jupiter Lat.	Jupiter Dec.	Mars Lat.	Mars Dec.	Mars Dec.
1	1N41	18S35	0N40	3S28	1S57	19N 8	0N46	18S40	6S40	21S23	21S29
3	1 41	18 35	0 39	3 30	1 57	19 9	0 46	18 41	6 43	21 35	21 42
5	1 40	18 35	0 39	3 32	1 57	19 11	0 45	18 43	6 46	21 48	21 54
7	1 40	18 35	0 39	3 34	1 58	19 12	0 45	18 44	6 48	21 59	22 5
9	1 40	18 35	0 39	3 36	1 58	19 13	0 44	18 46	6 50	22 11	22 16
11	1 40	18 35	0 39	3 38	1 58	19 14	0 44	18 48	6 51	22 21	22 26
13	1 40	18 35	0 39	3 41	1 58	19 15	0 43	18 50	6 50	22 31	22 35
15	1 40	18 35	0 39	3 43	1 59	19 16	0 43	18 52	6 49	22 39	22 43
17	1 40	18 36	0 39	3 45	1 59	19 17	0 43	18 54	6 47	22 47	22 50
19	1 40	18 36	0 39	3 47	1 59	19 18	0 42	18 56	6 45	22 53	22 56
21	1 40	18 36	0 39	3 50	2 0	19 19	0 42	18 59	6 42	22 59	23 1
23	1 39	18 36	0 39	3 52	2 0	19 20	0 41	19 2	6 38	23 3	23 4
25	1 39	18 37	0 39	3 54	2 0	19 20	0 41	19 4	6 33	23 5	23 6
27	1 39	18 37	0 39	3 57	2 1	19 21	0 40	19 7	6 28	23 6	23 6
29	1 39	18 37	0 39	4 0	2 1	19 21	0 40	19 10	6 22	23 6	23 6
31	1N39	18S37	0N39	4S 2	2S 1	19N22	0N40	19S14	6S16	23S 5	23S 6

D M	D W	Sidereal Time H. M. S.	⊙ Long.	⊙ Dec.	☽ Long.	☽ Lat.	☽ Dec.	MIDNIGHT ☽ Long.	☽ Dec.
1	♋	8 37 47	8♌35 30	18N 7	1♐39 13	5S 3	25S26	7♐58 31	26S26
2	M	8 41 43	9 32 54	17 52	14 23 0	4 35	27 5	20 52 58	27 23
3	Tu	8 45 40	10 30 18	17 37	27 28 41	3 52	27 18	4♑10 15	26 48
4	W	8 49 36	11 27 43	17 21	10♑57 44	2 56	25 51	17 51 2	24 37
5	Th	8 53 33	12 25 9	17 5	24 49 55	1 47	22 55	1♒54 3	20 52
6	F	8 57 29	13 22 35	16 49	9♒ 2 58	0S30	18 29	16 16 5	15 49
7	S	9 1 26	14 20 3	16 32	23 32 42	0N50	12 53	0♓52 3	9 47
8	♋	9 5 22	15 17 32	16 15	8♓13 19	2 8	6S31	15 35 38	3S10
9	M	9 9 19	16 15 1	15 58	22 58 8	3 17	0N14	0♈20 0	3N37
10	Tu	9 13 16	17 12 32	15 41	7♈40 27	4 16	6 56	14 58 45	10 8
11	W	9 17 12	18 10 5	15 23	22 14 17	4 53	13 12	29 26 33	16 3
12	Th	9 21 9	19 7 38	15 5	6♉35 6	5 14	18 39	13♉39 39	20 59
13	F	9 25 5	20 5 14	14 47	20 39 58	5 15	22 59	27 35 56	24 38
14	S	9 29 2	21 2 51	14 29	4♊27 29	4 58	25 55	11♊14 40	26 48
15	♋	9 32 58	22 0 29	14 11	17 57 32	4 25	27 18	24 36 12	27 23
16	M	9 36 55	22 58 9	13 52	1♋10 49	3 38	27 4	7♋41 32	26 23
17	Tu	9 40 51	23 55 51	13 33	14 8 33	2 41	25 21	20 32 1	24 0
18	W	9 44 48	24 53 34	13 14	26 52 8	1 37	22 22	3♌ 9 5	20 29
19	Th	9 48 45	25 51 18	12 54	9♌23 2	0N29	18 15	15 34 10	16 5
20	F	9 52 41	26 49 4	12 35	21 42 41	0S39	13 39	27 48 45	11 6
21	S	9 56 38	27 46 51	12 15	3♍52 34	1 45	8 28	9♍54 21	5 46
22	♋	10 0 34	28 44 39	11 55	15 54 19	2 45	3N 2	21 52 42	0N17
23	M	10 4 31	29♌42 29	11 35	27 49 47	3 37	2S27	3♎45 52	5S 9
24	Tu	10 8 27	0♍40 20	11 14	9♎41 14	4 19	7 48	15 36 16	10 23
25	W	10 12 24	1 38 13	10 54	21 31 22	4 50	12 53	27 26 55	15 15
26	Th	10 16 20	2 36 6	10 33	3♏23 23	5 9	17 29	9♏21 14	19 34
27	F	10 20 17	3 34 1	10 12	15 20 59	5 15	21 27	21 23 9	23 8
28	S	10 24 14	4 31 57	9 51	27 28 18	5 7	24 35	3♐36 57	25 45
29	♋	10 28 10	5 29 55	9 30	9♐49 40	4 45	26 37	16 7 0	27 10
30	M	10 32 7	6 27 55	9 8	22 29 27	4 8	27 22	28 57 30	27 11
31	Tu	10 36 3	7♍25 55	8N47	5♑31 34	3S18	26S37	12♑12 0	25S40

| EPHEMERIS] | **AUGUST, 1971** | | | | | 17 |

D	Venus		Mercury		)	Mutual Aspects
M	Lat.	Dec.	Lat.	Dec.	Node	

Venus / Mercury / Node / Mutual Aspects

D M	Venus Lat.	Venus Dec.	Mercury Lat.	Mercury Dec.	Node	Mutual Aspects
1	0N 49	20N 39 / 20N 24	1 S 45	7N 51 / 7N 22	14≈42	3. ⊙ ⚹ ♅.
3	0 52	20 9 / 19 53	2 9	6 55 / 6 29	14 36	4. ♀ ⚹ ♄.
5	0 56	19 37 / 19 20	2 33	6 4 / 5 41	14 30	5. ⊙ ∠ ♀. 6. ♀ P ♄.
7	1 0	19 2 / 18 44	2 57	5 19 / 5 0	14 23	8. ☿ ⚹ ♀. ♀ P ♃, ⚹ ♅, P ♆.
9	1 3	18 25 / 18 6	3 20	4 42 / 4 26	14 17	10. ⊙ ♂ ♂, Q ♄. ♀ ∠ ♀. 12. ⊙ P ♀. ☿ Stat. ♆ Stat.
11	1 6	17 46 / 17 26	3 42	4 13 / 4 2	14 10	13. ♀ ♂ ♀. 14. ☿ Q ♄.
13	1 8	17 5 / 16 44	4 2	3 53 / 3 47	14 4	15. ⊙ ⊥ ♀. 18. ♀ ⊥ ♀.
15	1 11	16 23 / 16 0	4 19	3 44 / 3 44	13 58	19. ⊙ ∠ ♅. ♀ P P ♀. 21. ⊙ □ ♃. ♀ ∠ ♅.
17	1 14	15 38 / 15 15	4 32	3 47 / 3 53	13 51	22. ⊙ ⚹ ♀. ♀ □ ♃.
19	1 16	14 52 / 14 28	4 40	4 3 / 4 16	13 45	23. ☿ □ ♄, ⊥ ♅, ♀ ⚹ ♀. 24. ⊙ □ ♆. ♀ □ ♆. ♂ □ ♀.
21	1 18	14 / 13 39	4 42	4 31 / 4 50	13 39	26. ⊙ ♂ ☿. ☿ ♂ ♀.
23	1 20	13 14 / 12 49	4 37	5 11 / 5 35	13 32	27. ⊙ ♂ ♀. 29. ⊙ ⊥ ♅. ☿ □ ♀. ♀ □ ♄, ⊥ ♅
25	1 21	12 23 / 11 57	4 24	6 1 / 6 29	13 26	
27	1 22	11 31 / 11 4	4 4	6 59 / 7 29	13 20	30. ⊙ □ ♄.
29	1 23	10 37 / 10N 10	3 37	7 59 / 8N 29	13 13	31. ⊙ P ☿. ☿ □ ♃, ∨ ♀.
31	1N 24	9N 42	3 S 5	8N 58	13≈ 7	[♂ Q ♆. ♃ ⚹ ♀.

D M	♆ Long.	♅ Long.	♄ Long.	♃ Long.	♂ Long.	♀ Long.	☿ Long.	Lunar Aspects								
								⊙	P	♆	♅	♄	♃	♂	♀	☿
�》1	0 ♐ 20	10 ≏ 18	4 ♉ 30	26 ♏ 41	19 ≈ 14	1 ♌ 22	5 ♍ 34	⚹	♂			8	♂		△	□
2	0 20	10 20	4 34	26 43	19 ♀0	2 36	6 21	△			⚹			⚹	□
3	0 20	10 23	4 39	26 44	18 45	3 50	7 5	□	□	∨			∨	∠	
4	0 19	10 25	4 44	26 46	18 31	5 4	7 45			∠	□		∠		△
5	0 19	10 27	4 48	26 48	18 15	6 18	8 22	△	⚹			□	⚹	∨	□
6	0 19	10 30	4 52	26 51	18 0	7 32	8 54	●	□		△	△			♂
7	0 19	10 32	4 57	26 53	17 44	8 46	9 22		□	□	⚹			♂	
�》8	0 19	10 35	5 1	26 56	17 29	10 0	9 46			□					♂
9	0 19	10 37	5 5	26 58	17 13	11 14	10 5		♂	△		8	△	∨	△
10	0 18	10 40	5 9	27 1	16 57	12 28	10 19	□				♂	⚹	□	∠	△
11	0 18	10 42	5 13	27 4	16 41	13 42	10 29	△		□		∠		⚹	□
12	0 18	10 45	5 17	27 7	16 25	14 56	10 33		□			∨			△
13	0 18	10 48	5 21	27 11	16 9	16 10	10 R32	□		□			8	□	
14	0 18	10 50	5 25	27 14	15 54	17 24	10 25		△	8	△	♂			□
�》15	0 18	10 53	5 28	27 18	15 38	18 38	10 13	⚹						△	⚹
16	0 19	10 56	5 32	27 22	15 23	19 52	9 56		□		∨		□	∨	
17	0 19	10 59	5 35	27 26	15 8	21 7	9 33	△		□	□		⚹	□	
18	0 19	11 2	5 38	27 30	14 53	22 21	9 4	∨	⚹	△		∠		∨	⚹
19	0 19	11 5	5 42	27 35	14 38	23 35	8 30	∠		⚹	⚹		8		∨
20	0 19	11 8	5 45	27 40	14 24	24 49	7 51	●			∠		□		♂
21	0 20	11 11	5 48	27 45	14 11	26 3	7 8	∨	□						♂
�》22	0 20	11 14	5 51	27 49	13 57	27 18	6 21			∨					
23	0 20	11 17	5 54	27 54	13 45	28 32	5 31	∨	♂	⚹			⚹	□	∨
24	0 21	11 20	5 56	28 0	13 33	29 ♌46	4 38	∠		∠	♂	△	∠	△	∨
25	0 21	11 23	5 59	28 5	13 21	1 ♍ 0	3 45	∠			□				∠
26	0 21	11 26	6 2	28 10	13 10	2 15	2 50	⚹	∨	∨		∨		⚹	⚹
27	0 22	11 29	6 4	28 16	13 0	3 29	1 57		∠	∨			♂		
28	0 22	11 32	6 6	28 22	12 50	4 44	1 5	⚹	♂	∠		♂			□
�》29	0 23	11 36	6 9	28 28	12 42	5 58	0 ♍17	□			⚹	8		⚹	□
30	0 23	11 39	6 11	28 34	12 33	7 12	0 ♌32		□		∨			∨	
31	0 ♐24	11 ≏42	6 ♊13	28 ♏ 40	12 ≈26	8 ♍27	28 ♌53	△		∨	□			△	△

| 18 | SEPTEMBER, 1971 | | | | [RAPHAEL'S |

D M	Neptune Lat.	Dec.	Herschel Lat.	Dec.	Saturn Lat.	Dec.	Jupiter Lat.	Dec.	Mars Lat.	Dec.	
1	1N39	18S38	0N39	4S32	2S1	19N22	0N39	19S15	6S12	23S4	23S2
3	1 39	18 38	0 39	4 6	2 2	19 22	0 39	19 18	6 6	23 0	22 58
5	1 39	18 38	0 38	4 9	2 2	19 22	0 39	19 22	5 58	22 55	22 53
7	1 39	18 38	0 38	4 11	2 2	19 22	0 38	19 25	5 51	22 50	22 46
9	1 38	18 39	0 38	4 14	2 2	19 22	0 38	19 29	5 43	22 43	22 39
11	1 38	18 40	0 38	4 17	2 3	19 22	0 37	19 33	5 35	22 34	22 30
13	1 38	18 40	0 38	4 20	2 3	19 22	0 37	19 36	5 27	22 25	22 20
15	1 38	18 41	0 38	4 22	2 4	19 22	0 37	19 40	5 18	22 15	22 10
17	1 38	18 41	0 38	4 25	2 4	19 22	0 36	19 44	5 10	22 4	21 58
19	1 38	18 42	0 38	4 28	2 4	19 22	0 36	19 48	5 1	21 52	21 45
21	1 38	18 43	0 38	4 31	2 5	19 21	0 35	19 52	4 53	21 39	21 32
23	1 38	18 43	0 38	4 34	2 5	19 21	0 35	19 56	4 44	21 24	21 17
25	1 38	18 44	0 38	4 37	2 5	19 20	0 35	20 0	4 36	21 10	21 2
27	1 37	18 45	0 38	4 40	2 5	19 20	0 34	20 4	4 28	20 54	20S46
29	1 37	18 45	0 38	4 43	2 6	19 19	0 34	20 8	4 19	20 37	—
30	1N37	18S46	0N38	4S44	2S6	19N19	0N34	20S10	4S15	20S29	

D M	D W	Sidereal Time H. M. S.	☉ Long.	☉ Dec.	☽ Long.	☽ Lat.	☽ Dec.	MIDNIGHT ☽ Long.	☽ Dec.
1	W	10 40 0	8♍23 57	8N25	18♐59 2	2S15	24S20	25♐52 49	22S37
2	Th	10 43 56	9 22 0	8 4	2♒53 20	1S3	20 32	10♒0 25	18 8
3	F	10 47 53	10 20 5	7 42	17 13 44	0N15	15 26	24 32 45	12 28
4	S	10 51 49	11 18 11	7 20	1)(56 48	1 35	9 19	9)(24 59	5S59
5	☉	10 55 46	12 16 19	6 58	16 56 18	2 49	2S34	24 29 38	0N54
6	M	10 59 43	13 14 28	6 35	2♈3 46	3 52	4N22	9♈37 29	7 45
7	Tu	11 3 39	14 12 40	6 13	17 9 35	4 38	11 1	24 38 58	14 7
8	W	11 7 36	15 10 53	5 50	2♉4 36	5 5	16 58	9♉25 38	19 33
9	Th	11 11 32	16 9 8	5 28	16 41 25	5 12	21 48	23 51 25	23 42
10	F	11 15 29	17 7 26	5 5	0♊55 21	4 59	25 13	7♊53 2	26 20
11	S	11 19 25	18 5 45	4 42	14 44 29	4 29	27 1	21 29 49	27 18
12	☉	11 23 22	19 4 7	4 20	28 9 18	3 45	27 11	4♋43 14	26 40
13	M	11 27 18	20 2 31	3 57	11♋11 58	2 50	25 48	17 35 56	24 36
14	Tu	11 31 15	21 0 57	3 34	23 55 34	1 48	23 6	0♌11 18	21 20
15	W	11 35 12	21 59 25	3 11	6♌23 32	0N42	19 22	12 32 42	17 11
16	Th	11 39 8	22 57 55	2 48	18 39 10	0S25	14 51	24 43 19	12 23
17	F	11 43 5	23 56 27	2 24	0♍45 27	1 29	9 49	6♍45 53	7 11
18	S	11 47 1	24 55 1	2 1	12 44 54	2 29	4N29	18 42 44	1N46
19	☉	11 50 58	25 53 37	1 38	24 39 37	3 22	0S58	0♎35 47	3S40
20	M	11 54 54	26 52 15	1 15	6♎31 25	4 5	6 21	12 26 45	8 57
21	Tu	11 58 51	27 50 55	0 51	18 21 59	4 38	11 29	24 17 21	13 55
22	W	12 2 47	28 49 37	0 28	0♏13 6	4 59	16 13	6♏9 30	18 22
23	Th	12 6 44	29♍48 21	0N5	12 6 51	5 7	20 11	18 5 30	22 7
24	F	12 10 41	0♎47 6	0S19	24 5 48	5 2	23 40	0♐8 10	24 58
25	S	12 14 37	1 45 54	0 42	6♐13 1	4 43	26 0	12 20 51	26 43
26	☉	12 18 34	2 44 43	1 6	18 32 9	4 11	27 7	24 47 26	27 11
27	M	12 22 30	3 43 33	1 29	1♐7 14	3 26	26 53	7♐32 5	26 13
28	Tu	12 26 27	4 42 26	1 52	14 2 30	2 30	25 11	20 38 57	23 48
29	W	12 30 23	5 41 20	2 16	27 21 51	1 24	22 4	4♒11 33	20 0
30	Th	12 34 20	6♎40 16	2S39	11♒8 15	0S11	17S37	18♒12 4	14S57

EPHEMERIS] **SEPTEMBER, 1971** **19**

Venus / Mercury / Node / Mutual Aspects

D M	Venus Lat.	Venus Dec.	(interm.)	Mercury Lat.	Mercury Dec.	(interm.)	Node
1	1N24	9N15	8N47	2S47	9N26	9N52	13≈ 4
3	1 25	8 18	7 50	2 11	10 16	10 38	12 57
5	1 25	7 21	6 52	1 32	10 57	11 12	12 51
7	1 24	6 23	5 54	0 55	11 24	11 33	12 45
9	1 24	5 24	4 55	0S20	11 37	11 38	12 38
11	1 23	4 25	3 55	0N12	11 35	11 29	12 32
13	1 22	3 25	2 55	0 39	11 18	11 4	12 26
15	1 21	2 24	1 54	1 2	10 46	10 24	12 19
17	1 20	1 24	0N53	1 21	10 0	9 32	12 13
19	1 18	0N23	0S 8	1 35	9 2	8 29	12 7
21	1 16	0S38	1 9	1 44	7 54	7 16	12 0
23	1 14	1 39	2 10	1 50	6 37	5 56	11 54
25	1 12	2 40	3 11	1 52	5 14	4 31	11 48
27	1 9	3 41	4S12	1 51	3 47	3N 2	11 41
29	1 6	4 42	—	1 47	2 17	—	11 35
30	1N 4	5S12		1N44	1N31		11≈32

Mutual Aspects

1. ☿P ♀. 3. ♀▽ ♂, ⊻♅.
5. ⊙▽♂, ⊻♅. ☿ Stat. [♂△♅. 24P h.
7. ♀Q24.
8. ⊙P ♀. ♀± ♂, Q♀.
9. ♂ Stat.
10. ☿⊻P. ♂Q24.
11. ⊙±♂, Q24, Q♀. ☿□24,
12. ⊙P♅. [□♀. ♀P♅.
15. ♀□♂.
16. ☿□h, ⊥♅. 24♂♀.
17. ♀♂P. 18. ♀⋇24, ⋇♀.
19. h Stat.
20. ♀▽♂, ⊻♅. ♂Q♀.
21. ⊙P♀, □♂. 22. ♂△♅.
23. ⊙♂♭. ♀△h.
24. ⊙⋇♀. ☿±♂, Q24, Q♀.
25. ⊙⋇24.
26. ☿P♅.
27. ☿P♀.
28. ♀♂♅.
29. ⊙P♀. ♀△♂, P♅.
30. ⊙△h. [♂♭. ♀⊻♀. ♂□♭.

Longitudes / Lunar Aspects

D M	Ψ Long.	♅ Long.	h Long.	24 Long.	♂ Long.	♀ Long.	☿ Long.
1	0♐25	11≈45	6♊15	28♏47	12≈19	9♍41	28♌20
2	0 25	11 49	6 17	28 53	12 R13	10 56	27 R54
3	0 26	11 52	6 18	29 0	12 8	12 10	27 35
4	0 27	11 55	6 20	29 7	12 4	13 25	27 24
S 5	0 28	11 59	6 22	29 14	12 0	14 39	27 D22
6	0 28	12 2	6 23	29 21	11 57	15 54	27 29
7	0 29	12 6	6 24	29 28	11 55	17 8	27 44
8	0 30	12 9	6 25	29 36	11 54	18 23	28 8
9	0 31	12 12	6 27	29 43	11 53	19 37	28 41
10	0 32	12 16	6 28	29 51	11D54	20 52	29♌22
11	0 33	12 20	6 29	29♏59	11 55	22 6	0♍12
S 12	0 34	12 23	6 29	0♐7	11 57	23 21	1 9
13	0 35	12 27	6 30	0 15	12 0	24 35	2 13
14	0 36	12 30	6 30	0 23	12 3	25 50	3 24
15	0 37	12 34	6 31	0 31	12 7	27 5	4 41
16	0 38	12 37	6 31	0 40	12 12	28 19	6 4
17	0 39	12 41	6 31	0 48	12 18	29♍34	7 32
18	0 40	12 45	6 32	0 57	12 25	0≈48	9 4
S 19	0 41	12 48	6 32	1 6	12 33	2 3	10 40
20	0 42	12 52	6 32	1 15	12 41	3 18	12 19
21	0 44	12 56	6 31	1 24	12 50	4 32	14 1
22	0 45	12 59	6 31	1 33	13 0	5 47	15 45
23	0 46	13 3	6 31	1 42	13 10	7 2	17 31
24	0 48	13 7	6 30	1 52	13 21	8 16	19 18
25	0 49	13 11	6 29	2 1	13 33	9 31	21 6
S 26	0 50	13 14	6 29	2 11	13 46	10 46	22 55
27	0 52	13 18	6 28	2 20	13 59	12 0	24 44
28	0 53	13 22	6 27	2 30	14 13	13 15	26 34
29	0 55	13 26	6 26	2 40	14 28	14 30	28♍23
30	0♐56	13≈29	6♊25	2 50	14≈43	15≈45	0≈12

20	OCTOBER, 1971				[RAPHAEL'S

D	Neptune		Herschel		Saturn		Jupiter		Mars	
M	Lat.	Dec.	Lat.	Dec.	Lat.	Dec.	Lat.	Dec.	Lat.	Dec.
1	1 N 37	18 S 46	0 N 38	4 S 46	2 S 6	19 N 18	0 N 34	20 S 13	4 S 11	20 S 20	20 S 11
3	1 37	18 47	0 38	4 49	2 6	19 18	0 34	20 17	4 3	20 2	19 53
5	1 37	18 47	0 38	4 52	2 7	19 17	0 33	20 21	3 55	19 44	19 34
7	1 37	18 48	0 38	4 55	2 7	19 16	0 33	20 25	3 47	19 24	19 14
9	1 37	18 49	0 38	4 58	2 7	19 15	0 33	20 30	3 39	19 4	18 54
11	1 37	18 50	0 38	5 1	2 7	19 14	0 32	20 34	3 31	18 44	18 33
13	1 37	18 51	0 38	5 3	2 8	19 13	0 32	20 38	3 24	18 22	18 12
15	1 37	18 51	0 38	5 6	2 8	19 12	0 32	20 43	3 16	18 1	17 50
17	1 37	18 52	0 38	5 9	2 8	19 11	0 31	20 47	3 9	17 38	17 27
19	1 37	18 53	0 38	5 12	2 8	19 9	0 31	20 51	3 2	17 15	17 4
21	1 37	18 54	0 38	5 15	2 9	19 8	0 31	20 55	2 55	16 52	16 40
23	1 37	18 55	0 38	5 18	2 9	19 7	0 31	21 0	2 48	16 28	16 15
25	1 36	18 56	0 38	5 21	2 9	19 5	0 30	21 4	2 41	16 3	15 50
27	1 36	18 56	0 38	5 24	2 9	19 4	0 30	21 8	2 35	15 38	15 25
29	1 36	18 57	0 38	5 26	2 9	19 2	0 30	21 12	2 28	15 12	14 8 S 59
31	1 N 36	18 S 58	0 N 38	5 S 29	2 S 9	19 N 1	0 N 30	21 S 16	2 S 22	14 S 46	

D	D	Sidereal	⊙	⊙	☽	☽	☽	MIDNIGHT	
M	W	Time	Long.	Dec.	Long.	Lat.	Dec.	☽ Long.	☽ Dec.
		H. M. S.							
1	F	12 38 16	7 ♎ 39 14	3 S 2	25 ♒ 22	5 1 N 5	12 S 3	2 ♓ 40 26	8 S 56
2	S	12 42 13	8 38 13	3 26	10 ♓ 4	14 2 19	5 S 39	17 33 32	2 S 15
3	⦾	12 46 10	9 37 15	3 49	25 7	26 3 25	1 N 12	2 ♈ 44 46	4 N 39
4	M	12 50 6	10 36 18	4 12	10 ♈ 24	16 4 17	8 4	18 4 30	11 21
5	Tu	12 54 3	11 35 23	4 35	25 44	2 4 51	14 28	3 ♉ 21 26	17 20
6	W	12 57 59	12 34 31	4 58	10 ♉ 56	20 5 4	19	55 18	24 34	22 9
7	Th	13 1 56	13 33 41	5 21	25 48	6 4 56	24	0 3 ♊ 5	11 25 26
8	F	13 5 52	14 32 53	5 44	10 ♊ 15	14 4 29	26	26 17 17 58	26 59
9	S	13 9 49	15 32 7	6 7	24 13	16 3 47	27	6 1 ♋ 1 13	26 48
10	⦾	13 13 45	16 31 24	6 30	7 ♋ 42	4 2 53	26	6 14 16 10	25 3
11	M	13 17 42	17 30 43	6 53	20 44	1 1 52	23	42 27 6 8	22 3
12	Tu	13 21 39	18 30 4	7 15	3 ♌ 23	6 0 N 47	20	10 9 ♌ 35 31	18 5
13	W	13 25 35	19 29 28	7 38	15 43	59 0 S 18	15	50 21 49 5	13 26
14	Th	13 29 32	20 28 54	8 0	27 51	23 1 22	10	56 3 ♍ 51 25	8 21
15	F	13 33 28	21 28 22	8 23	9 ♍ 49	39 2 21	5	43 15 46 34	3 N 2
16	S	13 37 25	22 27 53	8 45	21 42	33 3 13	0 N 20	27 37 56	2 S 22
17	⦾	13 41 21	23 27 25	9 7	3 ♎ 33	4 3 56	5 S 2	9 ♎ 28 11	7 39
18	M	13 45 18	24 27 0	9 29	15 23	32 4 30	10	12 21 19 20	12 40
19	Tu	13 49 14	25 26 36	9 51	27 15	44 4 51	15	1 3 ♏ 12 54	17 14
20	W	13 53 11	26 26 15	10 12	9 ♏ 11	1 5 0	19	17 15 10 13	21 9
21	Th	13 57 7	27 25 56	10 34	21 10	39 4 56	22	48 27 12 32	24 13
22	F	14 1 4	28 25 39	10 55	3 ♐ 16	4 4 38	25	22 9 ♐ 21 29	26 13
23	S	14 5 1	29 ♎ 25 23	11 16	15 29	3 4 7	26	45 21 39 7	26 58
24	⦾	14 8 57	0 ♏ 25 10	11 37	27 52	0 3 25	26	51 4 ♑ 8 6	26 22
25	M	14 12 54	1 24 58	11 58	10 ♑ 27	2 2 32	25	33 16 51 42	24 23
26	Tu	14 16 50	2 24 47	12 19	23 20	6 1 29	22	54 29 53 32	21 5
27	W	14 20 47	3 24 39	12 39	6 ♒ 32	27 0 S 21	18	59 13 ♒ 17 14	16 36
28	Th	14 24 43	4 24 32	13 0	20 8	14 0 N 51	13	58 27 5 42	11 8
29	F	14 28 40	5 24 27	13 20	4 ♓ 9	44 2 1	8	6 11 ♓ 20 19	4 S 55
30	S	14 32 36	6 24 23	13 40	18 37	13 3 7	1 S 38	26 0 0	1 N 42
31	⦾	14 36 33	7 ♏ 24 21	13 S 59	3 ♈ 28	0 4 N 1	5 N 4	11 ♈ 0 20	8 N 23

EPHEMERIS]						OCTOBER, 1971		21

D M	Venus Lat.	Venus Dec.	Mercury Lat.	Mercury Dec.	Node ☽	Mutual Aspects
1	1N 3	5 S 42	1N 41	0N 44	11≈28	1. ♂□♃.
		6 S 12		0 S 2		2. ♂✶♃. ♀∠♃. ♂P♃.
3	1 0	6 42	1 33	0 S 48	11 22	3. ♀△♄. 4. ♀□♄.
		7 12		1 35		
5	0 56	7 41	1 24	2 21	11 16	6. ⊙P♅. 7. ⊙☌♅.
		8 11		3 8		
7	0 53	8 40	1 14	3 54	11 9	8. ♂☌♀. ☿☌♅, P♅.
		9 9		4 39		9. ☿∠♀. [♀∠♀. ♂P♄.
9	0 49	9 38	1 3	5 25	11 3	10. ⊙∠♀. ☿△♂.
		10 7		6 10		[♂P♀.
11	0 45	10 35	0 50	6 54	10 57	11. ⊙P☿. ☿∠♃. ♀±♄.
		11 3		7 38		12. ⊙△♂. ☿□♄. ♀∨♀,
13	0 40	11 31	0 37	8 22	10 50	[♀∨♀.
		11 59		9 5		
15	0 36	12 26	0 24	9 47	10 44	14. ⊙∠♃, □♄. ☿⊥♀.
		12 53		10 29		16. ♀∨♃, ▽♄.
17	0 32	13 20	0N 10	11 10	10 38	17. ☿⊥♃, ±♄. ♀⊥♀.
		13 46		11 51		18. ☿∨♀, ∨♀. [♃ ♂♄.
19	0 27	14 12	0 S 3	12 31	10 31	19. ⊙⊥♀. ♀P♀.
		14 38		13 10		
21	0 22	15 3	0 17	13 48	10 25	21. ☿∠♃, ▽♄, ⊥♀.
		15 28		14 26		22. ☿P♀. 23.⊙±♄. ♀∨♅
23	0 18	15 53	0 30	15 2	10 19	24. ⊙∨♀. ♀P♂, ∠♀.
		16 17		15 39		25. ⊙⊥♃. ∨♀. ☿P♂.
25	0 13	16 41	0 44	16 14	10 12	27. ☿∨♃, ∠♀. ♂±♀.
		17 4		16 48		28. ☿P♀. 29. ⊙▽♄. ♀⊥♀.
27	0 8	17 27	0 57	17 22	10 6	30. ⊙⊥♀. ☿P♄, P♀♅.
		17 50		17 55		31. ⊙PP. ♀⊥♅.♀P♄, P♅.
29	0N 3	18 12	1 10	18 27	10 0	
		18 S 33		18 S 57		
31	0 S 2	18 S 54	1 S 22	19 S 27	9≈53	

D M	Ψ Long.	♅ Long.	♄ Long.	♃ Long.	♂ Long.	♀ Long.	☿ Long.	⊙	P	Ψ	♅	♄	♃	♂	♀	☿
1	0 ♐ 58	13 ≏ 33	6 ♈ 23	3 ♐ 0	14 ≈ 59	16 ≏ 59	2 ≏ 1	□		□	□					□
2	0 59	13 37	6 22	3 10	15 16	18 14	3 50					□	□	∨		
3 ⑤	1 1	13 41	6 20	3 21	15 33	19 29	5 38	☍	△					∠		
4	1 2	13 44	6 19	3 31	15 51	20 43	7 25	☍	□		☍	✶	△	✶		☍
5	1 4	13 48	6 17	3 42	16 9	21 58	9 12					∠	□		☍	
6	1 5	13 52	6 15	3 52	16 28	23 13	10 58	□			∨		□			
7	1 7	13 56	6 13	4 3	16 48	24 28	12 43	△	☍	□					□	□
8	1 9	14 0	6 11	4 14	17 8	25 42	14 28	△			△	☌	☍		□	□
9	1 10	14 3	6 9	4 24	17 28	26 57	16 12	□							△	△
10 ⑤	1 12	14 7	6 7	4 35	17 50	28 12	17 55			□	∨					
11	1 14	14 11	6 5	4 46	18 11	29 ≏ 27	19 37	□		□		∠	□			□
12	1 16	14 15	6 2	4 57	18 33	0 ♏ 41	21 19	□	△	✶	△	✶	△			
13	1 17	14 18	6 0	5 9	18 56	1 56	23 0	✶	△	✶					☍	
14	1 19	14 22	5 57	5 20	19 19	3 11	24 40	∨	□	∠					✶	✶
15	1 21	14 26	5 55	5 31	19 43	4 26	26 19	∠			∨	□				∠
16	1 23	14 30	5 52	5 43	20 6	5 40	27 58								∨	
17 ⑤	1 25	14 34	5 49	5 54	20 31	6 55	29 ≏ 36	☌	✶		△	✶	□	∨		
18	1 27	14 37	5 46	6 6	20 56	8 10	1 ♏ 14			∠	☌	□	∠	△		
19	1 28	14 41	5 43	6 17	21 21	9 25	2 51	☌	∨	∨					☌	☌
20	1 30	14 45	5 40	6 29	21 47	10 40	4 27				∨		∨		☌	☌
21	1 32	14 49	5 36	6 41	22 13	11 54	6 2			∠					□	
22	1 34	14 52	5 33	6 53	22 40	13 9	7 37	∨	✶	☌	∠	☍	☌			∨
23	1 36	14 56	5 30	7 5	23 7	14 24	9 12				✶				∨	
24 ⑤	1 38	15 0	5 26	7 17	23 34	15 39	10 46	✶	□	∨					✶	∠
25	1 40	15 3	5 23	7 29	24 2	16 53	12 19			∠	□				∨	✶
26	1 42	15 7	5 19	7 41	24 30	18 8	13 52					□	∠	∨	✶	
27	1 44	15 11	5 15	7 53	24 58	19 23	15 24	□	△	✶		△	✶			
28	1 46	15 14	5 11	8 5	25 27	20 38	16 56	□		△				☌	□	□
29	1 48	15 18	5 7	8 18	25 56	21 53	18 27	△		□	□	□	□			
30	1 50	15 22	5 4	8 30	26 25	23 7	19 58	□							△	△
31 ⑤	1 ♐ 53	15 ≏ 25	5 ♈ 0	8 ♐ 43	26 ≈ 55	24 ♏ 22	21 ♏ 28		☍	△		✶	△	∨	□	□

22						NOVEMBER, 1971					[*RAPHAEL'S*	
D	Neptune		Herschel		Saturn		Jupiter		Mars			
M	Lat.	Dec.	Lat.	Dec.	Lat.	Dec.	Lat.	Dec.	Lat.	Dec.		

	° '	° '	° '	° '	° '	° '	° '	° '	° '	° '	° '
1	1N36	18 S 59	0N38	5 S 31	2 S 9	19N 0	0N29	21 S 18	2 S 19	14 S 33	14 S 19
3	1 36	18 59	0 38	5 33	2 9	18 58	0 29	21 22	2 13	14 6	13 52
5	1 36	19 0	0 38	5 36	2 9	18 57	0 29	21 26	2 7	13 39	13 25
7	1 36	19 1	0 38	5 39	2 10	18 55	0 29	21 30	2 1	13 11	12 57
9	1 36	19 2	0 38	5 41	2 10	18 54	0 28	21 34	1 56	12 43	12 29
11	1 36	19 3	0 38	5 44	2 10	18 52	0 28	21 38	1 50	12 14	12 0
13	1 36	19 4	0 38	5 46	2 10	18 50	0 28	21 42	1 45	11 46	11 31
15	1 36	19 5	0 38	5 49	2 10	18 48	0 28	21 46	1 40	11 16	11 2
17	1 36	19 6	0 38	5 51	2 10	18 47	0 28	21 49	1 35	10 47	10 32
19	1 36	19 7	0 38	5 54	2 9	18 45	0 27	21 53	1 30	10 17	10 2
21	1 36	19 7	0 38	5 56	2 9	18 43	0 27	21 57	1 25	9 46	9 31
23	1 36	19 8	0 38	5 58	2 9	18 41	0 27	22 0	1 20	9 16	9 0
25	1 36	19 9	0 38	6 0	2 9	18 40	0 27	22 3	1 16	8 45	8 29
27	1 36	19 10	0 38	6 3	2 9	18 38	0 27	22 7	1 11	8 14	7 S 58
29	1 36	19 11	0 38	6 5	2 9	18 36	0 26	22 10	1 7	7 42	—
30	1N36	19 S 11	0N39	6 S 6	2 S 9	18N35	0N26	22 S 11	1 S 4	7 S 26	

D	D	Sidereal	☉	☉	☽	☽	☽	MIDNIGHT	
M	W	Time	Long.	Dec.	Long.	Lat.	Dec.	☽ Long.	☽ Dec.
		H. M. S.	° ' "	° '	° ' "	° '	° '	° ' "	° '
1	M	14 40 30	8♏︎24 21	14 S 19	18♈︎35 56	4N39	11N35	26♈︎13 33	14N39
2	Tu	14 44 26	9 24 22	14 38	3♉︎51 47	4 58	17 29	11♉︎29 12	20 2
3	W	14 48 23	10 24 25	14 57	19 4 23	4 56	22 14	26 35 59	24 3
4	Th	14 52 19	11 24 31	15 15	4♊︎ 2 47	4 33	25 26	11♊︎23 46	26 22
5	F	14 56 16	12 24 38	15 34	18 38 8	3 53	26 50	25 45 20	26 51
6	S	15 0 12	13 24 47	15 52	2♋︎45 1	3 0	26 25	9♋︎37 5	25 35
7	§	15 4 9	14 24 59	16 10	16 21 38	1 58	24 22	22 58 55	22 53
8	M	15 8 5	15 25 12	16 28	29 29 20	0N51	21 6	5♌︎53 22	19 6
9	Tu	15 12 2	16 25 28	16 45	12♌︎11 37	0 S 16	16 54	18 24 41	14 33
10	W	15 15 59	17 25 45	17 2	24 33 16	1 20	12 5	0♍︎38 0	9 32
11	Th	15 19 55	18 26 4	17 19	6♍︎39 35	2 19	6 55	12 38 37	4N15
12	F	15 23 52	19 26 26	17 36	18 35 45	3 12	1N34	24 31 33	1 S 7
13	S	15 27 48	20 26 49	17 52	0♎︎26 34	3 56	3 S 47	6♎︎21 16	6 24
14	§	15 31 45	21 27 14	18 8	12 16 6	4 29	8 58	18 11 27	11 28
15	M	15 35 41	22 27 41	18 23	24 7 38	4 51	13 52	0♏︎ 4 57	16 8
16	Tu	15 39 38	23 28 9	18 39	6♏︎ 1 37	5 0	18 15	12 3 50	20 12
17	W	15 43 34	24 28 40	18 54	18 5 45	4 56	21 57	24 9 28	23 29
18	Th	15 47 31	25 29 12	19 8	0♐︎ 15 6	4 38	24 45	6♐︎22 44	25 43
19	F	15 51 28	26 29 45	19 23	12 32 27	4 8	26 24	18 44 20	26 45
20	S	15 55 24	27 30 20	19 36	24 58 28	3 25	26 46	1♑︎15 1	26 26
21	§	15 59 21	28 30 57	19 50	7♑︎34 6	2 32	25 45	13 55 55	24 44
22	M	16 3 17	29♏︎31 35	20 3	20 20 41	1 30	23 26	26 48 39	21 43
23	Tu	16 7 14	0♐︎32 14	20 16	3♒︎20 6	0 S 22	19 46	9♒︎55 20	17 33
24	W	16 11 10	1 32 54	20 29	16 34 38	0N48	15 6	23 18 19	12 27
25	Th	16 15 7	2 33 35	20 41	0♓︎ 6 39	1 57	9 36	6♓︎59 50	6 37
26	F	16 19 4	3 34 17	20 52	13 58 3	3 1	3 S 31	21 1 20	0 S 20
27	S	16 23 0	4 35 0	21 4	28 9 37	3 56	2N52	5♈︎22 40	6 N 5
28	§	16 26 57	5 35 44	21 15	12♈︎40 8	4 36	9 15	20 1 26	12 18
29	M	16 30 53	6 36 29	21 25	27 25 52	5 0	15 13	4♉︎52 33	17 55
30	Tu	16 34 50	7♐︎37 16	21 S 35	12♉︎20 28	5N 3	20N20	19♉︎48 30	22N27

D M	Venus Lat.	Venus Dec.		Mercury Lat.	Mercury Dec.		Node ☽	Mutual Aspects
1	0 S 5	19 S 15	19 S 35	1 S 28	19 S 56	20 S 24	9≈50	1. ⊙P♂. [♄P♅Ψ.
3	0 10	19 54	20 13	1 40	20 51	21 17	9 44	2. ⊙⩗♃. ♀□♂. ♂P℞.
5	0 15	20 32	20 49	1 51	21 42	22 6	9 37	4. ♀P♃.
7	0 20	21 7	21 23	2 1	22 29	22 50	9 31	5. ⊙⊥♅. ♀∠♅. ✶℞.
9	0 25	21 39	21 55	2 10	23 11	23 31	9 25	6. ☿♂♂. ∠♅. ♀♂Ψ.
11	0 30	22 10	22 24	2 18	23 49	24 6	9 18	7. ☿♂Ψ. ✶℞. [▽℞.
13	0 35	22 37	22 50	2 24	24 21	24 36	9 12	8. ⊙⩗♅. ♀♂♄. ♂♂♅.
15	0 40	23 2	23 14	2 30	24 49	25 2	9 5	9. ⊙∠℞. ☿♂♄. ♀P♃.
17	0 45	23 25	23 35	2 33	25 11	25 20	8 59	10. ♂□Ψ.
19	0 50	23 44	23 53	2 35	25 28	25 34	8 53	13. ♂♄.
21	0 55	24 1	24 8	2 34	25 38	25 42	8 46	14. ☿♂♃. ♀♂♃.
23	0 59	24 15	24 21	2 30	25 43	25 44	8 40	15. ♀Q℞. ♀Q℞.
25	1 4	24 26	24 30	2 23	25 43	25 40	8 34	17. ⊙P♄.
27	1 8	24 34	24 S 37	2 13	25 36	25 S 30	8 27	18. ⊙PΨ. ☿✶♅. ♀✶℞.
29	1 12	24 39	—	1 58	25 22		8 21	22. ♃Q℞.
30	1 S 14	24 S 40		1 S 48	25 S 14		8≈18	24. ⊙∠♅. ✶℞.
								25. ⊙♂♄. ♂Ψ. ♂±♅.
								27. ♄♂♅.
								28. ♀Q♅.
								30. ♀Q♂.□℞.

D M	Ψ Long.	♅ Long.	♄ Long.	♃ Long.	♂ Long.	♀ Long.	☿ Long.	Lunar Aspects ⊙ P Ψ ♅ ♄ ♃ ♂ ♀ ☿
1	1♐55	15≏29	4♏55	8♐55	27≈25	25♏37	22♏57	□ ♂ ∠ □ ∠
2	1 57	15 32	4 51	9 8	27 55	26 52	24 27	♂ ⩗ ✶
3	1 59	15 35	4 47	9 20	28 26	28 6	25 55	□
4	2 1	15 39	4 43	9 33	28 57	29♏21	27 24	△ ♂ □ ♂ ♂ □ ♂ ♂
5	2 3	15 43	4 38	9 45	29 28	0♐36	28♏51	△
6	2 5	15 46	4 34	9 58	29≈59	1 51	0♐18	□ □ ⩗ △
8	2 10	15 53	4 25	10 24	1 3	4 20	3 10	✶ △ ✶ □ △ △
9	2 12	15 57	4 21	10 37	1 35	5 35	4 36	□ ∠ ✶ △
10	2 14	16 0	4 16	10 50	2 7	6 50	6 0	
11	2 16	16 3	4 12	11 3	2 40	8 4	7 24	⩗ □ ∠ □ ♂ □
12	2 18	16 7	4 7	11 16	3 13	9 18	8 47	✶ ∠ ⩗
13	2 21	16 10	4 2	11 29	3 46	10 34	10 9	∠ ♂ ✶ △
15	2 25	16 17	3 53	11 55	4 53	13 3	12 49	⩗ □ ∠ ✶ ✶
16	2 27	16 20	3 48	12 8	5 26	14 18	14 8	∠ ⩗ ⩗ ∠ △
17	2 30	16 23	3 43	12 21	6 0	15 33	15 25	∠ ⩗ ∠ ⩗ ⩗
18	2 32	16 26	3 38	12 34	6 34	16 47	16 40	♂ ✶ ♂ ∠ ♂
19	2 34	16 29	3 33	12 48	7 8	18 2	17 54	∴ ♂ □ ♂ ♂
20	2 36	16 32	3 28	13 1	7 43	19 17	19 6	⩗
22	2 41	16 38	3 19	13 28	8 52	21 46	21 22	∠ ∠ □ □ ∠ ⩗ ⩗
23	2 43	16 41	3 14	13 41	9 27	23 1	22 25	✶ △ ✶ △ ∠ ⩗ ∠ ∠
24	2 45	16 44	3 9	13 54	10 3	24 16	23 25	□ △ ✶
25	2 48	16 47	3 4	14 8	10 38	25 30	24 22	□ □ □ ✶ ✶
26	2 50	16 50	2 59	14 21	11 13	26 45	25 14	△ ♂
27	2 52	16 53	2 54	14 35	11 49	28 0	26 0	△ ♂ △ ✶ □ □
29	2 57	16 59	2 44	15 2	13 1	0♑29	27 16	□ ⩗ □ △ △
30	2♐59	17≏1	2♏39	15♐15	13♓37	1♑44	27♐44	□ ✶ □ □

NEW MOON—December 17d, 7h. 3m. p.m.

D M	Neptune Lat	Neptune Dec	Herschel Lat	Herschel Dec	Saturn Lat	Saturn Dec	Jupiter Lat	Jupiter Dec	Mars Lat	Mars Dec	Mars Dec (even day following)
1	1N36	19S12	0N39	6S 7	2S 9	18N35	0N26	22S13	1S 2	7S10	6S54
3	1 36	19 13	0 39	6 9	2 8	18 33	0 26	22 16	0 58	6 38	6 22
5	1 36	19 14	0 39	6 11	2 8	18 31	0 26	22 19	0 54	6 6	5 50
7	1 36	19 14	0 39	6 13	2 8	18 30	0 26	22 22	0 50	5 34	5 18
9	1 36	19 15	0 39	6 14	2 8	18 28	0 26	22 25	0 46	5 1	4 45
11	1 36	19 16	0 39	6 16	2 7	18 26	0 25	22 27	0 43	4 29	4 12
13	1 36	19 17	0 39	6 18	2 7	18 25	0 25	22 30	0 39	3 56	3 39
15	1 36	19 18	0 39	6 19	2 7	18 23	0 25	22 33	0 35	3 23	3 6
17	1 36	19 18	0 39	6 21	2 6	18 22	0 25	22 35	0 32	2 50	2 33
19	1 36	19 19	0 39	6 22	2 6	18 21	0 25	22 37	0 29	2 17	2 0
21	1 36	19 20	0 39	6 24	2 6	18 19	0 25	22 39	0 25	1 43	1 27
23	1 36	19 21	0 39	6 25	2 5	18 18	0 24	22 42	0 22	1 10	0 53
25	1 36	19 21	0 39	6 26	2 5	18 17	0 24	22 44	0 19	0 37	0S20
27	1 36	19 22	0 39	6 27	2 4	18 16	0 24	22 46	0 16	0S 3	0N13
29	1 36	19 23	0 39	6 28	2 4	18 15	0 24	22 47	0 13	0N30	0N47
31	1N36	19S23	0N39	6S29	2S 4	18N14	0N24	22S49	0S10	1N 4	

D M	D W	Sidereal Time (H. M. S.)	☉ Long	☉ Dec	☽ Long	☽ Lat	☽ Dec	MIDNIGHT ☽ Long	☽ Dec
1	W	16 38 46	8♐38 3	21S45	27♉15 31	4N45	24N11	4♊40 20	25N29
2	Th	16 42 43	9 38 52	21 54	12♊ 1 52	4 9	26 21	19 19 6	26 45
3	F	16 46 39	10 39 42	22 3	26 31 11	3 17	26 41	3♋37 25	26 10
4	S	16 50 36	11 40 33	22 11	10♋37 17	2 14	25 15	17 30 30	23 57
5	☉	16 54 33	12 41 25	22 19	24 16 54	1N 5	22 20	0♌56 32	20 26
6	M	16 58 29	13 42 18	22 27	7♌29 34	0S 5	18 19	13 56 21	16 1
7	Tu	17 2 26	14 43 13	22 34	20 17 17	1 13	13 13	26 32 52	11 1
8	W	17 6 22	15 44 9	22 41	2♍43 41	2 16	8 23	8♍50 21	5 43
9	Th	17 10 19	16 45 6	22 47	14 53 29	3 11	3N 0	20 53 46	0N18
10	F	17 14 15	17 46 4	22 53	26 51 50	3 57	2S23	2♎48 21	5S 2
11	S	17 18 12	18 47 4	22 58	8♎ 2 43	4 33	7 38	14 39 7	10 10
12	☉	17 22 8	19 48 4	23 3	20 34 32	4 56	12 36	26 30 40	14 56
13	M	17 26 5	20 49 6	23 8	2♏28 0	5 7	17 8	8♏26 55	19 10
14	Tu	17 30 2	21 50 9	23 12	14 27 49	5 5	21 1	20 31 0	22 40
15	W	17 33 58	22 51 12	23 15	26 36 43	4 48	24 4	2♐45 9	25 13
16	Th	17 37 55	23 52 17	23 18	8♐56 27	4 19	26 3	15 10 44	26 33
17	F	17 41 51	24 53 22	23 21	21 28 2	3 36	26 46	27 48 22	26 36
18	S	17 45 48	25 54 28	23 23	4♑11 43	2 42	26 5	10♑38 5	25 12
19	☉	17 49 44	26 55 35	23 25	17 7 25	1 39	23 59	23 39 39	22 26
20	M	17 53 41	27 56 42	23 26	0♒14 47	0S29	20 35	6♒52 46	18 27
21	Tu	17 57 37	28 57 49	23 26	13 33 36	0N43	16 4	20 17 16	13 28
22	W	18 1 34	29♐58 57	23 27	27 3 48	1 54	10 42	3♓53 13	7 47
23	Th	18 5 31	1♑ 0 4	23 26	10♓45 31	3 0	4S46	17 40 44	1S39
24	F	18 9 27	2 1 12	23 26	24 38 50	3 56	1N29	1♈39 45	4N37
25	S	18 13 24	3 2 20	23 25	8♈43 24	4 39	7 43	15 49 36	10 45
26	☉	18 17 20	4 3 28	23 22	22 58 6	5 5	13 33	0♉ 8 34	16 22
27	M	18 21 17	5 4 36	23 21	7♉20 36	5 12	18 53	14 33 40	21 7
28	Tu	18 25 13	6 5 44	23 18	21 47 12	5 0	23 2	29 0 32	24 36
29	W	18 29 10	7 6 52	23 15	6♊13 0	4 29	25 46	13♊23 50	26 30
30	Th	18 33 6	8 8 1	23 12	20 32 22	3 41	26 47	27 37 53	26 37
31	F	18 37 3	9♑ 9 9	23S 8	4♋39 45	2N40	26N 2	11♋37 25	25N 2

FIRST QUARTER—December 25d, 1h. 36m. a.m.

E P H E M E R I S] **DECEMBER, 1971** 25

D M	Venus Lat.	Venus Dec.		Mercury Lat.	Mercury Dec.		Node
1	1 S 16	24 S 41	24 S 41	1 S 37	25 S 3	24 S 51	8≈15
3	1 20	24 40	24 38	1 12	24 38	24 23	8 8
5	1 24	24 36	24 33	0 40	24 6	23 48	8 2
7	1 27	24 29	24 24	0 S 4	23 28	23 7	7 56
9	1 30	24 19	24 13	0 N36	22 44	22 21	7 49
11	1 33	24 6	23 58	1 16	21 57	21 32	7 43
13	1 36	23 50	23 41	1 53	21 9	20 46	7 36
15	1 38	23 31	23 21	2 22	20 25	20 6	7 30
17	1 40	23 10	22 58	2 43	19 50	19 37	7 24
19	1 42	22 45	22 32	2 55	19 28	19 22	7 17
21	1 44	22 18	22 4	2 58	19 19	19 18	7 11
23	1 45	21 48	21 33	2 54	19 21	19 26	7 5
25	1 46	21 16	20 59	2 46	19 33	19 42	6 58
27	1 47	20 42	20 23	2 34	19 53	20 4	6 52
29	1 47	20 5	19 S 45	2 19	20 17	20 S 30	6 46
31	1 S 48	19 S 25		2 N 3	20 S 44		6≈39

Mutual Aspects

1. ♀▽♄, ⊻Ψ.
3. ☿P♀. ☿ Stat. 4. ♂□♃.
5. ⊙P♃. ♀±♄. ♂P♅.
   [♄ ⊡♅.
6. ⊙Q♀. ♀⊥Ψ. ♂▽♅.
9. ⊙P☿.
10. ⊙♂♃. ⋇♅. ♀P♃.
    [♂♃. ♃⋇♅. ♄△♀.
12. ⊙♂☿. ☿□♂. ♀⊡♄.
13. ♀⊥♃, □♅, ∠Ψ.
14. ♄⊻♀, ♂♃, ⋇♅.
15. ⊙□♂.
16. ⊙P♀. ☿⊥♀. 18. ☿Q♀.
19. ♂⋇♂, ⊥♃. 20. ♀P♃.
21. ♂∠♀, PΨ.
22. ⊙Q♅. ☿ Stat.
23. ⊙▽♄. ♀PΨ. ♀△♄.
24. ⊙□♀. ♀△♀.
26. ⊙⋎♀, ⊻Ψ. ♀⋇Ψ.
27. ♂⋇♄.
28. ⊙±♄. ☿Q♀. ♀∠♃.
29. ♀P♀. ♂♂♀.
31. ♀PΨ.

D M	Ψ Long.	♅ Long.	♄ Long.	♃ Long.	♂ Long.	♀ Long.	☿ Long.
1	3♐1	17≏4	2♊34	15♐29	14)(13	21♏58	28♐3
2	3 3	17 7	2 30	15 42	14 49	4 13	28 14
3	3 6	17 10	2 25	15 56	15 26	5 27	28 ℞15
4	3 8	17 12	2 20	16 9	16 2	6 42	28 6
5	3 10	17 15	2 15	16 23	16 39	7 57	27 45
6	3 12	17 17	2 10	16 36	17 15	9 11	27 14
7	3 15	17 20	2 6	16 50	17 52	10 26	26 31
8	3 17	17 22	2 1	17 3	18 29	11 40	25 37
9	3 19	17 24	1 56	17 17	19 6	12 55	24 34
10	3 21	17 27	1 52	17 31	19 44	14 9	23 22
11	3 23	17 29	1 47	17 44	20 21	15 24	22 4
12	3 26	17 31	1 42	17 58	20 58	16 38	20 42
13	3 28	17 34	1 38	18 11	21 36	17 53	19 19
14	3 30	17 36	1 33	18 25	22 13	19 7	17 58
15	3 32	17 38	1 29	18 39	22 51	20 22	16 41
16	3 34	17 40	1 25	18 52	23 29	21 36	15 31
17	3 36	17 42	1 20	19 6	24 6	22 51	14 29
18	3 39	17 44	1 16	19 19	24 24	24 5	13 37
19	3 41	17 46	1 12	19 33	25 22	25 19	12 56
20	3 43	17 48	1 8	19 46	26 0	26 34	12 26
21	3 45	17 49	1 4	20 0	26 39	27 48	12 7
22	3 47	17 51	1 0	20 13	27 17	29♏2	11 58
23	3 49	17 53	0 56	20 27	27 55	0♐17	12D 0
24	3 51	17 55	0 52	20 40	28 33	1 31	12 10
25	3 53	17 56	0 48	20 54	29 12	2 45	12 29
26	3 55	17 58	0 44	21 7	29)(50	4 0	12 56
27	3 57	17 59	0 41	21 21	0♈29	5 14	13 29
28	3 59	18 0	0 37	21 34	1 7	6 28	14 9
29	4 1	18 1	0 34	21 48	1 46	7 42	14 54
30	4 3	18 3	0 30	22 1	2 25	8 56	15 44
31	4♐5	18≏5	0♊27	22♐14	3♈3	10♐10	16♐39

(Right-hand grid: **Lunar Aspects** under headings ⊙ P Ψ ♅ ♄ ♃ ♂ ♀ ☿ — aspect glyphs △ ⅙ ♂ □ ⊡ ∠ ⋇ ▽ ∥ etc.)

JANUARY

D	⊙ ° ' "	☽ ° ' "	♂ "	♀ ° '	☿ ° '	☽ dec. ° '
1	1 1 10	14 20 46	38	0 51	1 1	6 35
2	1 1 10	14 11 56	38	0 51	0 51	6 37
3	1 1 10	14 1 37	38	0 51	0 41	6 19
4	1 1 9	13 50 35	37	0 53	0 31	5 44
5	1 1 8	13 39 10	38	0 53	0 21	4 49
6	1 1 10	13 27 27	38	0 54	0 11	3 39
7	1 1 8	13 15 15	38	0 54	0 2	2 16
8	1 1 8	13 2 34	38	0 55	0 7	0 44
9	1 1 8	12 49 23	38	0 56	0 15	0 48
10	1 1 7	12 36 0	38	0 56	0 22	2 10
11	1 1 7	12 22 46	38	0 57	0 29	3 20
12	1 1 7	12 10 49	38	0 58	0 35	4 13
13	1 1 6	12 0 28	38	0 57	0 40	4 51
14	1 1 6	11 52 42	38	0 59	0 45	5 15
15	1 1 6	11 48 17	38	0 59	0 49	5 28
16	1 1 6	11 47 53	37	0 59	0 54	5 30
17	1 1 5	11 52 4	38	1 0	0 57	5 24
18	1 1 4	12 1 9	38	1 0	1 0	5 9
19	1 1 5	12 15 11	38	1 1	1 3	4 41
20	1 1 4	12 33 57	38	1 1	1 5	3 58
21	1 1 4	12 56 40	37	1 1	1 8	2 59
22	1 1 4	13 22 4	37	1 2	1 10	1 39
23	1 1 2	13 48 18	38	1 3	1 12	0 1
24	1 1 3	14 13 5	38	1 2	1 13	1 46
25	1 1 2	14 33 51	38	1 3	1 16	3 32
26	1 1 0	14 48 26	37	1 3	1 17	5 1
27	1 1 0	14 55 19	38	1 4	1 18	6 7
28	1 0 59	14 54 9	38	1 3	1 19	6 43
29	1 0 57	14 45 38	38	1 4	1 21	6 54
30	1 0 56	14 31 25	37	1 5	1 22	6 39
31	1 0 55	14 13 27	38	1 4	1 23	6 3

FEBRUARY

D	⊙ ° ' "	☽ ° ' "	♂ "	♀ ° '	☿ ° '	☽ dec. ° '
1	1 0 54	13 53 43	37	1 5	1 24	5 8
2	1 0 52	13 33 52	38	1 5	1 25	3 57
3	1 0 52	13 14 58	37	1 5	1 26	2 34
4	1 0 49	12 57 43	38	1 6	1 27	1 4
5	1 0 48	12 42 27	38	1 6	1 27	0 26
6	1 0 47	12 29 7	37	1 6	1 29	1 50
7	1 0 45	12 17 41	38	1 6	1 30	3 1
8	1 0 44	12 8 2	37	1 6	1 30	3 59
9	1 0 42	12 0 8	37	1 7	1 31	4 41
10	1 0 41	11 54 4	38	1 6	1 32	5 10
11	1 0 40	11 50 1	37	1 8	1 33	5 26
12	1 0 39	11 48 18	38	1 7	1 34	5 31
13	1 0 37	11 49 21	37	1 7	1 35	5 27
14	1 0 36	11 53 38	37	1 8	1 35	5 12
15	1 0 35	12 1 35	38	1 7	1 37	4 47
16	1 0 34	12 13 35	37	1 8	1 37	4 9
17	1 0 32	12 29 49	37	1 8	1 38	3 17
18	1 0 31	12 50 10	37	1 8	1 39	2 6
19	1 0 30	13 14 6	38	1 9	1 40	0 40
20	1 0 29	13 40 31	37	1 8	1 41	0 59
21	1 0 27	14 7 38	37	1 9	1 42	2 43
22	1 0 26	14 33 5	37	1 9	1 43	4 20
23	1 0 25	14 54 3	37	1 9	1 43	5 40
24	1 0 22	15 7 50	37	1 9	1 45	6 36
25	1 0 21	15 12 29	37	1 9	1 46	7 3
26	1 0 19	15 7 18	37	1 10	1 47	7 1
27	1 0 17	14 53 6	37	1 9	1 47	6 33
28	1 0 15	14 32 1	37	1 9	1 49	5 40

MARCH

D	⊙ ° ' "	☽ ° ' "	♂ "	♀ ° '	☿ ° '	☽ dec. ° '
1	1 0 13	14 6 48	37	1 10	1 50	4 28
2	1 0 11	13 40 16	37	1 9	1 51	3 2
3	1 0 9	13 12 44	36	1 10	1 52	1 29
4	1 0 7	12 51 49	37	1 10	1 52	0 5
5	1 0 5	12 32 24	37	1 9	1 54	1 31
6	1 0 3	12 16 54	36	1 10	1 55	2 45
7	1 0 0	12 5 9	37	1 10	1 55	3 44
8	0 59 59	11 56 54	36	1 11	1 57	4 30
9	0 59 56	11 51 43	37	1 10	1 57	5 1
10	0 59 55	11 49 6	36	1 10	1 57	5 21
11	0 59 52	11 48 44	37	1 10	1 58	5 31
12	0 59 50	11 50 21	36	1 11	1 58	5 29
13	0 59 49	11 53 53	37	1 10	1 59	5 17
14	0 59 47	11 59 22	37	1 11	1 58	4 54
15	0 59 45	12 7 5	36	1 10	1 58	4 18
16	0 59 43	12 17 25	36	1 11	1 57	3 29
17	0 59 42	12 30 42	36	1 11	1 56	2 25
18	0 59 40	12 47 14	36	1 11	1 55	1 5
19	0 59 38	13 7 5	36	1 10	1 53	0 24
20	0 59 36	13 29 55	36	1 11	1 50	2 2
21	0 59 35	13 54 48	36	1 11	1 48	3 35
22	0 59 33	14 20 7	36	1 12	1 46	4 58
23	0 59 31	14 43 30	36	1 11	1 41	6 5
24	0 59 29	15 2 1	35	1 11	1 38	6 48
25	0 59 27	15 12 46	36	1 11	1 33	7 4
26	0 59 25	15 13 39	35	1 11	1 28	6 53
27	0 59 23	15 4 2	36	1 12	1 23	6 14
28	0 59 21	14 45 8	35	1 11	1 18	5 8
29	0 59 19	14 19 32	36	1 11	1 12	3 42
30	0 59 17	13 50 34	35	1 12	1 6	2 4
31	0 59 14	13 21 22	35	1 11	0 59	0 25

APRIL

D	⊙ ° ' "	☽ ° ' "	♂ "	♀ ° '	☿ ° '	☽ dec. ° '
1	0 59 12	12 54 29	35	1 12	0 53	1 9
2	0 59 10	12 31 30	35	1 11	0 46	2 28
3	0 59 7	12 13 20	35	1 12	0 39	3 31
4	0 59 5	12 0 11	35	1 11	0 33	4 19
5	0 59 2	11 51 51	34	1 12	0 25	4 52
6	0 59 1	11 47 51	35	1 12	0 19	5 15
7	0 58 58	11 47 32	35	1 12	0 11	5 27
8	0 58 56	11 50 10	34	1 11	0 5	5 29
9	0 58 54	11 55 4	34	1 12	0 2	5 20
10	0 58 52	12 1 40	35	1 12	0 8	5 0
11	0 58 50	12 9 32	34	1 12	0 15	4 28
12	0 58 48	12 18 25	34	1 11	0 19	3 42
13	0 58 46	12 28 27	34	1 12	0 25	2 39
14	0 58 44	12 39 48	34	1 12	0 30	1 24
15	0 58 43	12 52 53	33	1 12	0 34	0 3
16	0 58 41	13 8 4	34	1 12	0 37	1 34
17	0 58 40	13 25 31	33	1 12	0 39	3 4
18	0 58 38	13 45 4	33	1 12	0 41	4 24
19	0 58 36	14 5 51	33	1 12	0 43	5 31
20	0 58 34	14 26 22	33	1 13	0 42	6 19
21	0 58 33	14 44 19	33	1 12	0 42	6 47
22	0 58 31	14 56 59	33	1 12	0 40	6 50
23	0 58 29	15 1 49	33	1 12	0 39	6 29
24	0 58 27	14 57 18	32	1 12	0 36	5 38
25	0 58 26	14 43 21	33	1 13	0 33	4 23
26	0 58 24	14 21 37	32	1 12	0 29	2 47
27	0 58 21	13 54 54	32	1 12	0 25	1 4
28	0 58 20	13 26 21	32	1 12	0 21	0 38
29	0 58 19	12 58 51	32	1 12	0 16	2 6
30	0 58 16	12 34 37	32	1 13	0 12	3 17

MAY

D	⊙	☽	♂	♀	☿	☽ dec.
1	0 58 13	12 14 58	31	1 12	0 7	4 9
2	0 58 12	12 0 39	31	1 12	0 2	4 46
3	0 58 9	11 51 45	31	1 12	0 3	5 9
4	0 58 8	11 48 2	31	1 13	0 7	5 23
5	0 58 5	11 48 57	31	1 12	0 12	5 27
6	0 58 4	11 53 43	31	1 12	0 17	5 21
7	0 58 2	12 1 29	30	1 12	0 21	5 6
8	0 58 0	12 11 20	30	1 12	0 26	4 37
9	0 57 59	12 22 23	30	1 13	0 30	2 54
10	0 57 57	12 33 53	30	1 12	0 34	2 56
11	0 57 56	12 45 24	29	1 13	0 38	1 42
12	0 57 54	12 56 44	30	1 12	0 41	0 17
13	0 57 53	13 8 2	29	1 12	0 45	1 16
14	0 57 51	13 19 38	28	1 13	0 49	2 45
15	0 57 51	13 31 56	29	1 12	0 52	4 4
16	0 57 49	13 45 8	28	1 13	0 56	5 10
17	0 57 48	13 59 5	28	1 13	0 59	5 57
18	0 57 46	14 13 10	28	1 12	1 6	6 27
19	0 57 46	14 25 31	28	1 13	1 5	6 37
20	0 57 45	14 34 49	27	1 12	1 8	6 26
21	0 57 43	14 48 52	27	1 13	1 11	5 49
22	0 57 43	14 36 7	27	1 13	1 13	4 48
23	0 57 41	14 26 2	26	1 12	1 16	3 24
24	0 57 40	14 9 11	26	1 13	1 19	1 44
25	0 57 39	13 47 21	26	1 12	1 21	0 0
26	0 57 37	13 22 54	25	1 13	1 24	1 37
27	0 57 36	12 58 18	25	1 13	1 26	2 57
28	0 57 35	12 35 45	25	1 12	1 29	3 48
29	0 57 33	12 16 49	24	1 13	1 32	4 39
30	0 57 31	12 2 35	24	1 13	1 34	5 7
31	0 57 31	11 53 34	24	1 13	1 36	5 21

JUNE

D	⊙	☽	♂	♀	☿	☽ dec.
1	0 57 29	11 49 54	23	1 12	1 39	5 26
2	0 57 28	11 51 20	23	1 13	1 41	5 22
3	0 57 26	11 57 23	23	1 13	1 44	5 9
4	0 57 26	12 7 16	22	1 13	1 47	4 45
5	0 57 24	12 20 3	21	1 12	1 48	4 8
6	0 57 24	12 34 35	22	1 13	1 51	3 14
7	0 57 22	12 49 47	21	1 13	1 54	2 4
8	0 57 22	13 4 35	20	1 13	1 56	0 40
9	0 57 21	13 18 13	20	1 13	1 58	0 54
10	0 57 20	13 30 11	19	1 12	2 0	2 28
11	0 57 20	13 40 29	19	1 13	2 2	3 51
12	0 57 19	13 49 17	19	1 13	2 4	4 59
13	0 57 18	13 56 54	18	1 13	2 6	5 50
14	0 57 18	14 3 37	17	1 13	2 8	6 19
15	0 57 18	14 9 19	17	1 13	2 8	6 29
16	0 57 18	14 13 35	17	1 13	2 10	6 21
17	0 57 17	14 15 39	16	1 13	2 11	5 51
18	0 57 17	14 14 33	15	1 13	2 11	4 59
19	0 57 17	14 9 27	15	1 13	2 12	3 46
20	0 57 16	13 59 55	14	1 13	2 12	2 15
21	0 57 17	13 46 8	13	1 13	2 11	0 35
22	0 57 15	13 28 58	13	1 13	2 11	1 5
23	0 57 16	13 9 43	12	1 13	2 10	2 31
24	0 57 15	12 49 59	12	1 13	2 10	3 41
25	0 57 14	12 31 21	11	1 13	2 8	4 31
26	0 57 14	12 15 13	10	1 13	2 6	5 2
27	0 57 13	12 2 40	10	1 14	2 6	5 21
28	0 57 13	11 54 28	9	1 13	2 3	5 27
29	0 57 13	11 51 6	8	1 13	2 2	5 25
30	0 57 12	11 52 42	8	1 13	2 0	5 13

JULY

D	⊙	☽	♂	♀	☿	☽ dec.
1	0 57 12	11 59 12	7	1 13	1 58	4 51
2	0 57 12	12 10 10	6	1 14	1 56	4 19
3	0 57 11	12 24 54	5	1 13	1 55	3 32
4	0 57 11	12 42 26	5	1 13	1 52	2 29
5	0 57 11	13 1 33	4	1 13	1 50	1 9
6	0 57 11	13 20 48	3	1 14	1 48	0 24
7	0 57 11	13 38 46	3	1 13	1 47	2 0
8	0 57 11	13 54 12	1	1 13	1 44	3 33
9	0 57 11	14 6 11	1	1 14	1 42	4 49
10	0 57 11	14 14 18	0	1 13	1 40	5 47
11	0 57 12	14 18 31	0	1 14	1 38	6 22
12	0 57 12	14 19 12	1	1 14	1 36	6 34
13	0 57 12	14 16 51	3	1 13	1 34	6 26
14	0 57 14	14 12 0	3	1 14	1 32	5 58
15	0 57 14	14 5 2	3	1 13	1 30	5 8
16	0 57 14	13 56 11	5	1 13	1 28	4 1
17	0 57 16	13 45 39	5	1 13	1 26	2 37
18	0 57 16	13 33 31	6	1 14	1 24	1 1
19	0 57 17	13 20 2	7	1 13	1 21	0 37
20	0 57 17	13 5 31	7	1 13	1 20	2 5
21	0 57 18	12 50 31	8	1 13	1 17	3 20
22	0 57 18	12 35 39	9	1 13	1 15	4 16
23	0 57 19	12 21 44	9	1 14	1 12	4 55
24	0 57 19	12 9 32	10	1 14	1 9	5 18
25	0 57 20	11 59 51	11	1 13	1 8	5 29
26	0 57 20	11 53 26	11	1 14	1 5	5 27
27	0 57 21	11 50 48	12	1 14	1 2	5 18
28	0 57 21	11 52 29	13	1 14	1 0	4 58
29	0 57 22	11 58 13	13	1 14	0 57	4 28
30	0 57 22	12 9 32	13	1 13	0 54	3 47
31	0 57 23	12 24 46	14	1 14	0 50	2 50

AUGUST

D	⊙	☽	♂	♀	☿	☽ dec.
1	0 57 24	12 43 47	14	1 14	0 47	1 39
2	0 57 24	13 5 41	15	1 14	0 44	0 13
3	0 57 25	13 29 3	14	1 14	0 40	1 23
4	0 57 26	13 52 11	16	1 14	0 37	3 0
5	0 57 26	14 13 3	15	1 14	0 32	4 26
6	0 57 28	14 29 44	16	1 14	0 28	5 36
7	0 57 29	14 40 37	15	1 14	0 24	6 22
8	0 57 29	14 44 49	16	1 14	0 19	6 45
9	0 57 31	14 42 19	16	1 14	0 14	6 42
10	0 57 33	14 33 50	16	1 14	0 10	6 16
11	0 57 33	14 20 41	16	1 14	0 4	5 27
12	0 57 36	14 4 52	16	1 14	0 1	4 20
13	0 57 37	13 57 31	15	1 14	0 7	2 56
14	0 57 38	13 30 3	16	1 14	0 12	1 23
15	0 57 40	13 13 17	15	1 14	0 17	0 14
16	0 57 42	12 57 44	15	1 15	0 23	1 43
17	0 57 43	12 43 35	15	1 14	0 29	2 59
18	0 57 44	12 30 54	15	1 14	0 34	4 0
19	0 57 46	12 19 39	14	1 14	0 39	4 43
20	0 57 47	12 9 53	13	1 14	0 43	5 11
21	0 57 48	12 1 45	14	1 15	0 47	5 26
22	0 57 50	11 55 28	12	1 14	0 50	5 29
23	0 57 51	11 51 27	12	1 14	0 53	5 21
24	0 57 53	11 50 8	12	1 15	0 53	5 5
25	0 57 53	11 52 1	11	1 14	0 55	4 36
26	0 57 55	11 57 36	10	1 14	0 53	3 58
27	0 57 56	12 7 19	10	1 15	0 52	3 8
28	0 57 58	12 21 22	8	1 14	0 48	2 2
29	0 58 0	12 39 47	9	1 14	0 45	0 45
30	0 58 0	13 2 7	7	1 15	0 39	0 45
31	0 58 2	13 27 28	7	1 14	0 33	2 17

SEPTEMBER

D	☉ ° ' "	☽ ° ' "	♂ ' "	♀ ° '	☿ ° '	☽ dec. ° '
1	0 58 3	13 54 18	6	1 15	0 26	3 48
2	0 58 5	14 20 24	5	1 14	0 19	5 6
3	0 58 6	14 43 4	4	1 15	0 11	6 7
4	0 58 8	14 59 30	4	1 14	0 2	6 45
5	0 58 9	15 7 28	3	1 15	0 7	6 56
6	0 58 12	15 5 49	2	1 14	0 15	6 39
7	0 58 13	14 55 1	1	1 15	0 24	5 57
8	0 58 15	14 36 49	1	1 14	0 33	4 50
9	0 58 18	14 13 56	1	1 15	0 41	3 25
10	0 58 19	13 49 8	1	1 14	0 50	1 48
11	0 58 22	13 24 49	2	1 14	0 57	0 10
12	0 58 24	13 2 40	3	1 14	1 4	1 23
13	0 58 26	12 43 36	3	1 15	1 11	2 42
14	0 58 28	12 27 58	4	1 15	1 17	3 44
15	0 58 30	12 15 38	5	1 14	1 23	4 31
16	0 58 32	12 6 17	6	1 15	1 28	5 2
17	0 58 34	11 59 27	7	1 14	1 32	5 20
18	0 58 36	11 54 48	8	1 15	1 36	5 27
19	0 58 38	11 51 48	8	1 15	1 39	5 23
20	0 58 40	11 50 34	9	1 14	1 42	5 8
21	0 58 42	11 51 7	10	1 15	1 44	4 44
22	0 58 44	11 53 45	10	1 15	1 46	4 8
23	0 58 45	11 58 57	11	1 14	1 47	3 19
24	0 58 48	12 7 13	12	1 15	1 48	2 20
25	0 58 49	12 19 8	13	1 15	1 49	1 7
26	0 58 50	12 35 5	13	1 14	1 49	0 14
27	0 58 53	12 55 16	14	1 15	1 50	1 42
28	0 58 54	13 19 21	15	1 15	1 49	3 7
29	0 58 56	13 46 24	15	1 14	1 49	4 27
30	0 58 58	14 14 38	16	1 14	1 49	5 34

OCTOBER

D	☉ ° ' "	☽ ° ' "	♂ ' "	♀ ° '	☿ ° '	☽ dec. ° '
1	0 58 59	14 41 21	17	1 15	1 49	6 24
2	0 59 2	15 3 12	17	1 15	1 48	6 51
3	0 59 3	15 16 50	18	1 14	1 47	6 52
4	0 59 5	15 19 46	18	1 15	1 47	6 24
5	0 59 8	15 11 18	19	1 15	1 46	5 27
6	0 59 10	14 52 46	20	1 15	1 45	4 5
7	0 59 12	14 17 8	20	1 14	1 45	2 26
8	0 59 14	13 58 2	20	1 15	1 44	0 40
9	0 59 17	13 28 48	22	1 15	1 43	1 0
10	0 59 19	13 3 57	21	1 15	1 42	2 24
11	0 59 21	12 39 5	22	1 14	1 42	3 32
12	0 59 24	12 20 53	23	1 15	1 41	4 20
13	0 59 26	12 7 24	23	1 15	1 40	4 54
14	0 59 28	11 58 16	24	1 15	1 39	5 13
15	0 59 31	11 52 54	23	1 14	1 39	5 23
16	0 59 32	11 50 31	25	1 15	1 38	5 22
17	0 59 35	11 50 28	25	1 15	1 38	5 10
18	0 59 36	11 52 12	25	1 15	1 37	4 49
19	0 59 39	11 55 17	26	1 15	1 36	4 16
20	0 59 41	11 59 38	26	1 14	1 35	3 31
21	0 59 43	12 5 25	27	1 15	1 35	2 34
22	0 59 44	12 12 59	27	1 15	1 35	1 23
23	0 59 47	12 22 57	27	1 15	1 34	0 6
24	0 59 48	12 35 51	28	1 14	1 33	1 18
25	0 59 49	12 52 15	28	1 15	1 33	2 39
26	0 59 52	13 12 21	28	1 15	1 32	3 55
27	0 59 53	13 35 47	29	1 15	1 32	5 1
28	0 59 55	14 1 30	29	1 15	1 31	5 52
29	0 59 56	14 27 29	29	1 14	1 31	6 28
30	0 59 58	14 50 47	30	1 15	1 30	6 42
31	1 0 0	15 7 56	30	1 15	1 29	6 31

NOVEMBER

D	☉ ° ' "	☽ ° ' "	♂ ' "	♀ ° '	☿ ° '	☽ dec. ° '
1	1 0 1	15 15 51	30	1 15	1 30	5 54
2	1 0 3	15 12 36	31	1 14	1 28	4 45
3	1 0 6	14 58 24	31	1 15	1 29	3 12
4	1 0 7	14 35 21	31	1 15	1 27	1 24
5	1 0 9	14 6 53	31	1 15	1 27	0 25
6	1 0 12	13 38 57	32	1 14	1 27	2 1
7	1 0 13	13 7 42	32	1 15	1 25	3 18
8	1 0 16	12 42 17	32	1 15	1 26	4 12
9	1 0 17	12 21 39	32	1 14	1 24	4 49
10	1 0 19	12 6 19	33	1 14	1 24	5 10
11	1 0 22	11 56 10	33	1 15	1 23	5 21
12	1 0 23	11 50 49	33	1 15	1 22	5 21
13	1 0 25	11 49 32	33	1 14	1 21	5 11
14	1 0 27	11 51 32	34	1 15	1 19	4 54
15	1 0 28	11 55 59	33	1 15	1 19	4 23
16	1 0 31	12 2 8	34	1 15	1 17	3 42
17	1 0 32	12 9 21	34	1 14	1 15	2 48
18	1 0 33	12 17 21	34	1 15	1 14	1 39
19	1 0 35	12 26 1	35	1 15	1 12	0 22
20	1 0 37	12 35 38	35	1 14	1 9	1 1
21	1 0 38	12 46 35	34	1 15	1 7	2 22
22	1 0 39	12 59 25	35	1 15	1 3	3 37
23	1 0 40	13 14 32	36	1 15	1 0	4 40
24	1 0 41	13 32 1	35	1 14	0 57	5 30
25	1 0 42	13 51 24	35	1 15	0 52	6 5
26	1 0 43	14 11 34	36	1 15	0 46	6 23
27	1 0 44	14 30 31	36	1 14	0 41	6 23
28	1 0 45	14 45 44	36	1 15	0 35	5 58
29	1 0 47	14 54 36	36	1 15	0 28	5 7
30	1 0 47	14 55 3	36	1 14	0 19	3 51

DECEMBER

D	☉ ° ' "	☽ ° ' "	♂ ' "	♀ ° '	☿ ° '	☽ dec. ° '
1	1 0 49	14 46 21	36	1 15	0 11	2 10
2	1 0 50	14 29 19	37	1 14	0 1	0 20
3	1 0 51	14 6 6	36	1 15	0 9	1 26
4	1 0 52	13 39 37	37	1 15	0 21	2 55
5	1 0 53	13 12 40	36	1 14	0 31	4 1
6	1 0 55	12 47 43	37	1 14	0 43	4 45
7	1 0 56	12 26 24	37	1 14	0 54	5 11
8	1 0 57	12 9 48	37	1 15	1 3	5 23
9	1 0 58	11 58 21	38	1 14	1 12	5 23
10	1 1 0	11 52 4	37	1 15	1 18	5 15
11	1 1 0	11 50 38	37	1 14	1 22	4 58
12	1 1 2	11 53 28	38	1 15	1 23	4 32
13	1 1 3	11 59 49	37	1 14	1 21	3 53
14	1 1 3	12 8 54	38	1 15	1 17	3 3
15	1 1 5	12 19 44	38	1 14	1 10	1 59
16	1 1 5	12 31 35	37	1 15	1 2	0 43
17	1 1 6	12 43 41	38	1 14	0 52	0 41
18	1 1 7	12 55 42	38	1 14	0 41	2 6
19	1 1 7	13 7 22	38	1 15	0 30	3 24
20	1 1 7	13 18 49	39	1 14	0 19	4 31
21	1 1 8	13 30 12	38	1 14	0 9	5 22
22	1 1 7	13 41 43	38	1 15	0 2	5 56
23	1 1 8	13 53 19	38	1 14	0 10	6 15
24	1 1 8	14 4 34	39	1 14	0 19	6 14
25	1 1 8	14 14 42	38	1 15	0 27	5 56
26	1 1 8	14 22 30	39	1 14	0 33	5 14
27	1 1 8	14 26 36	38	1 14	0 40	4 9
28	1 1 8	14 25 48	39	1 14	0 45	2 44
29	1 1 9	14 19 22	39	1 14	0 50	1 1
30	1 1 8	14 7 23	38	1 14	0 55	0 45
31	1 1 8	13 50 40	39	1 14	1 0	2 12

JANUARY

D.M.		
1	0.36 A.M.	♀ in Perihelion.
2	8.25 P.M.	☽ on Equator.
4	6.32 P.M.	⊕ in Perihelion.
9	11.23 A.M.	☽ Max. Dec. 27°N.48'.
16	11.14 A.M.	☽ in Apogee.
16	7.30 P.M.	☽ on Equator.
19	4.0 A.M.	☿ Gt. Elong. 24°W.
20	4.0 P.M.	♀ Gt. Elong. 47°W.
24	0.22 A.M.	☽ Max. Dec. 27°S.51'.
28	3.26 A.M.	☿ in ♌.
28	10.30 A.M.	☽ in Perigee.
30	3.33 A.M.	☽ on Equator.

FEBRUARY

5	4.54 P.M.	☽ Max. Dec. 27°N.52'.
7	10.47 A.M.	☿ in Aphelion.
10	7.43 A.M.	☽ Total Eclipse.
13	1.4 A.M.	☽ in Apogee.
13	2.18 A.M.	☽ on Equator.
20	10.2 A.M.	☽ Max. Dec. 27°S.52'.
25	9.49 A.M.	⊙ Partial Eclipse.
25	9.5 P.M.	☽ in Perigee.
26	1.46 P.M.	☽ on Equator.

MARCH

4	10.38 P.M.	☽ Max. Dec. 27°N.51'.
6	7.2 P.M.	☿ ☌ Sup. ⊙.
9	9.20 P.M.	♂ in ♌.
12	4.0 A.M.	☽ in Apogee.
12	8.41 A.M.	☽ on Equator.
18	7.3 P.M.	☿ in ♌.
19	5.42 P.M.	☽ Max. Dec. 27°S.46'.
19	9.10 P.M.	♀ in ♌.
21	6.38 A.M.	⊙ enters ♈, Equinox.
23	10.25 A.M.	☿ in Perihelion.
26	1.6 A.M.	☽ on Equator.
26	9.5 A.M.	☽ in Perigee.

APRIL

1	5.0 A.M.	☿ Gt. Elong. 19°E.
1	5.53 A.M.	☽ Max. Dec. 27°N.42'.
8	7.38 A.M.	☽ in Apogee.
8	2.46 P.M.	☽ on Equator.
15	11.19 P.M.	☽ Max. Dec. 27°S.34'.
19	11.34 P.M.	☿ ☌ Inf. ⊙.
22	10.58 A.M.	☽ on Equator.
23	9.28 A.M.	♀ in Aphelion.
23	5.54 P.M.	☽ in Perigee.
26	2.41 A.M.	☿ in ♌.
28	2.40 P.M.	☽ Max. Dec. 27°N.29'.

MAY

5	8.52 P.M.	☽ on Equator.
5	8.55 P.M.	☽ in Apogee.
6	10.3 A.M.	☿ in Aphelion.
13	4.18 A.M.	☽ Max. Dec. 27°S.23'.
17	5.0 P.M.	☿ Gt. Elong. 26°W.
19	6.2 P.M.	☽ on Equator.
21	5.10 P.M.	☽ in Perigee.
25	11.50 P.M.	☽ Max. Dec. 27°N.21'.

JUNE

2	3.24 A.M.	☽ on Equator.
2	2.25 P.M.	☽ in Apogee.
9	10.21 A.M.	☽ Max. Dec. 27°S.19'.
14	6.20 P.M.	☿ in ♌.
15	10.59 P.M.	☽ on Equator.
17	9.40 A.M.	☽ in Perigee.
19	9.40 A.M.	☿ in Perihelion.
21	9.33 A.M.	☿ ☌ Sup. ⊙.
22	1.21 A.M.	⊙ enters ♋, Solstice.
22	8.8 A.M.	☽ Max. Dec. 27°N.19'.
29	10.32 A.M.	☽ on Equator.
30	8.58 A.M.	☽ in Apogee.

JULY

4	4.23 A.M.	⊕ in Aphelion.
6	6.11 P.M.	☽ Max. Dec.27°S.21'.
11	0.28 A.M.	♀ in ♌.
12	3.18 P.M.	☽ in Perigee.
13	4.2 A.M.	☽ on Equator.
19	2.56 P.M.	☽ Max. Dec. 27°N.22'.
22	9.17 A.M.	⊙ Partial Eclipse.
23	1.56 A.M.	☿ in ♌.
26	6.0 P.M.	☽ on Equator.
28	3.14 A.M.	☽ in Apogee.
29	10.0 P.M.	♀ Gt. Elong. 27°E.

AUGUST

2	9.18 A.M.	☿ in Aphelion.
3	3.20 A.M.	☽ Max. Dec. 27°S.24'.
6	7.42 P.M.	☽ Total Eclipse.
9	1.8 A.M.	☽ in Perigee.
9	11.11 A.M.	☽ on Equator.
13	4.19 P.M.	♀ in Perihelion
15	8.34 P.M.	☽ Max. Dec.27°N.24'.
20	10.55 P.M.	⊙ Partial Eclipse.
23	1.15 A.M.	☽ on Equator.
24	7.38 P.M.	☽ in Apogee.
26	3.2 P.M.	☿ ☌ Inf. ⊙.
27	7.1 P.M.	♀ ☌ Sup. ⊙.
30	0.25 P.M.	☽ Max. Dec.27°S.22'.

SEPTEMBER

5	8.53 P.M.	☽ on Equator
6	4.51 A.M.	☽ in Perigee.
8	2.29 P.M.	♂ in Perihelion.
10	5.34 P.M.	☿ in ♌.
12	2.12 A.M.	☽ Max. Dec. 27°N.19'.
12	5.0 A.M.	☿ Gt. Elong. 18°W.
15	8.56 A.M.	☿ in Perihelion.
19	7.45 A.M.	☽ on Equator.
21	6.15 A.M.	☽ in Apogee.
23	4.47 P.M.	⊙ enters ♎, Equinox.
26	7.59 P.M.	☽ Max. Dec. 27°S.12'.

OCTOBER

3	7.51 A.M.	☽ on Equator.
4	2.51 P.M.	☽ in Perigee.
8	2.47 P.M.	☿ ☌ Sup. ⊙.
9	9.14 A.M.	☽ Max. Dec. 27°N.7'.
16	1.29 P.M.	☽ on Equator.
18	8.20 A.M.	☽ in Apogee.
19	1.11 A.M.	☿ in ♌.
24	1.37 A.M.	☽ Max. Dec. 26°S.58'.
29	8.35 A.M.	☿ in Aphelion.
30	1.58 P.M.	♀ in ♌.
30	5.54 P.M.	☽ on Equator.

NOVEMBER

2	2.24 A.M.	☽ in Perigee.
5	6.12 P.M.	☽ Max. Dec. 26°N.54'.
12	7.1 P.M.	☽ on Equator.
14	2.56 P.M.	☽ in Apogee.
20	6.28 A.M.	☽ Max. Dec. 26°S.48'.
23	6.0 P.M.	☿ Gt. Elong. 22°E.
27	1.17 A.M.	☽ on Equator.
30	10.46 A.M.	☽ in Perigee.

DECEMBER

3	4.16 A.M.	☽ Max. Dec. 26°N.47'.
4	1.55 A.M.	♀ in Aphelion.
7	4.47 P.M.	☿ in ♌.
10	1.21 A.M.	☽ on Equator.
12	6.58 A.M.	☽ in Apogee.
12	8.14 A.M.	☿ in Perihelion.
12	9.3 P.M.	☿ ☌ Inf. ⊙.
17	0.25 P.M.	☽ Max. Dec. 26°S.46'.
22	0.26 P.M.	⊙ enters ♑, Solstice.
24	6.20 A.M.	☽ on Equator.
28	4.36 A.M.	☽ in Perigee.
30	1.42 P.M.	☽ Max. Dec. 26°N.47'.

A COMPLETE ASPECTARIAN for 1971.

Showing the approximate time when each Aspect is formed.

a.m. or *a* denotes morning, *p.m.* or *p* denotes afternoon.

NOTE—Semi-quintile, or 36° apart, ⊥; Bi-quintile, or 144° ±; Quincunc, or 150° ⬯.

☽ ☌ ● Eclipse of ⊙. ☽ ☍ ⊙ Eclipse of ☽. ◖ Occultation by ☽.

(The remainder of the page consists of a dense multi-column astrological aspectarian table for January and February 1971, giving for each day the planetary aspects, the approximate time each is formed, and markings B, G, b, g, D, etc. The data is too fine and symbol-dense to reproduce reliably.)

FEB.—contd.

Day	Aspect	Time	
12	☉ ± ♭	2pm55	
	P ♃	3 30	
13 S	☽ ⚼ ♀	0am19	b
	♂ ⚹ ♅	5 34	
	☽ ♂ ♀	1pm16	D
	♀ ∠ ♄	4 58	
	☽ ⚼ ♄	5 40	b
	☽ ⚼ ♂	6 3	
	☽ ⚹ ♅	8 52	G
	☽ P ♃	10 12	B
	☽ ⚹ ♃	11 40	G
14 S	☽ □ ♀	10a 43	B
	☽ □ ⊙	11 22	b
	☽ △ ♀	11 28	G
	☽ ♂ ♅	5pm40	B
	☽ ⚹ ♂	7 44	G
15 M	♀ ⊥ ♃	0am52	
	☽ ∠ ♃	3 16	b
	☽ ∠ ♃	6 17	b
	♀ P ♀	7 2	
	☽ P ⊙	11 37	G
	☽ △ ♀	8pm23	G
	☽ P ♄	8 52	B
16 Tu	☽ P P	0am 2	D
	☽ ⚼ P	1 43	g
	☽ ⚼ ♄	3 30	b
	☽ □ ♂	8 52	
	☽ ⚼ ♀	9 19	g
	☽ ⚼ ♀	0pm32	g
	☽ P ♂	4 28	B
	☽ P ♀	7 56	D
	☉ Q ♂	8 0	
	☽ ⚼ P	11 16	
	☽ ∠ P	11 20	
17 W	☽ P ♃	1am50	G
	☽ ⚹ ♂	4 50	G
	☽ P P	5 12	G
	☽ ⚼ P	5 21	g
	☽ ∠ ♀	7 16	b
	☽ □ ♀	8 30	b
	♀ □ ♀	10 18	
	☽ ⚼ ♀	10 39	g
	☉ □ ♀	11 34	
	♀ Q ♀	11 48	
	☽ ♂ ♄	0pm 2	B
	♂ ♂ ♀	3 40	B
18 Th	☽ ⚹ ♂	9am0	
	☉ ∇ P	10 13	b
	☽ ∇ P	10 32	
	☽ □ ♄	11 54	
	☽ ⚹ P	0pm 6	G
	☽ □ ⊙	0 14	B
	☽ ∠ ♀	0 38	b
	☽ Q ♃	2 27	
	♂ ∇ ♄	4 33	
	☽ ⚼ ♀	7 26	D
	☽ ♂ ♃	10 54	G
19 F	☽ ∠ ♀	2pm11	G
	☽ ⚼ ♀	7 13	g
	☽ ⚼ ♀	10 5	B
20 S	☽ ⚹ ♀	1am22	g
	☽ △ ♄	2pm33	
	☽ □ P	6 57	B
	☽ ⚹ ⊙	11 35	G
	☽ ⚼ ♄	1am56	g
21 S	☽ ⚼ ♀	2 32	
	☽ ∠ ♀	7 43	b
	♀ ∠ ♀	5pm10	
	☽ □ ♅	7 14	B

22 M	☽ △ ♄	1am45	G
	☽ ∠ ⊙	3 26	b
	☽ ∠ ♀	3 44	b
	☽ ♂ ♂	4 39	G
	☽ ⚼ ♀	5 5	g
	☽ ⚼ ♃	7 19	b
	♀ ± ♀	7 33	
	☉ □ ♀	7 46	
	☽ ⚼ ♀	0pm46	g
	☽ ⚼ ♀	3 54	
	☽ P ♂	8 43	B
	☽ △ P	10 5	G
23 Tu	♀ P P	0am18	
	☽ ⚹ ♀	4 43	G
	☽ ⚼ ⊙	6 15	g
	☽ ♂ ♂	7 7	b
	☽ ⚹ ♃	8 19	G
	☽ P ♀	9 41	G
	☽ P ♃	9 57	G
	☽ P ♀	3pm14	D
	♀ ∠ ♀	4 13	
	☽ △ ♅	8 52	G
	☽ ⚼ P	9 30	
	☽ □ P	10 31	b
	☽ ⚼ ♄	11 39	
24 W	☽ □ ♄	3am11	B
	☽ Q ♄	6 33	
	☽ P P	6 51	D
	☽ ⚹ ♂	8 23	
	☽ P ♄	9 7	B
	☽ ⚼ ♀	9 58	g
	☽ ⚹ ⊙	10 11	G
	☽ ♂ ♀	7 54	G
	☽ ⚼ ♀	8 50	b
	♀ □ ♀	3am46	
	☽ □ ♀	4 55	B
	♀ ⊥ ♀	5 24	
	☽ P ⊙	5 50	G
	☽ □ ♃	8 39	B
	☽ ♂ ♀	9 49	D
	☽ ⚼ ♀	11 44	b
	☽ P ♀	5pm38	
	☽ ⚼ ♅	10 44	B
26 F	☽ ⚼ ♄	3am 9	G
	☉ ± ♀	3 56	
	☽ □ ♂	9 57	B
	☽ ⚹ ♀	1pm21	G
	♀ ♂ ♀	9 47	B
27 S	☽ ∠ ♀	1am35	g
	☽ ∠ ♄	3 0	b
	☽ ♂ ♅	4 22	G
	☽ P ♅	4 47	B
	☽ △ ♃	8 21	G
	☽ ♂ ⊙	0pm40	g
	☽ P ⊙	6 37	G
	☽ ♂ ♀	8 1	B
28 S	☽ ∠ ♀	1am15	
	☽ ∠ ♄	3 8	g
	☽ □ ♀	4 25	b
	☽ ∠ ♀	4 52	b
	☽ P ♀	8 23	G
	☽ ⚼ ♃	8 35	b
	☽ △ ♄	11 57	G
	☽ ∠ ⊙	2pm40	b
	☽ ⚹ ♀	5 30	B
	☽ P ♀	7 47	B
	☽ P P	9 57	D

MARCH

1 M	♀ Q ♀	4am 55	
	♀ Q ♄	7 38	

1	☽ ⚹ ♀	8am59	G
	☽ □ ♃	0pm22	
	♂ ± ♄	1 43	
	☽ □ ♂	1 52	b
	☽ P ♀	1 56	D
	☽ P ♀	3 50	G
	☽ ⚹ ⊙	5 25	G
	☽ P ♃	7 50	G
	☽ □ P	11 5	b
2 Tu	♀ ± ♀	2am15	
	☽ ♂ ♄	5 12	B
	☽ P ♂	11 54	B
	☽ □ ♀	11pm4	b
3 W	☽ △ ♀	0am51	g
	☽ □ ⊙	0 57	G
	♀ ∠ ♀	1 53	
	♀ ⚼ ♀	8 29	B
	♂ ♂ ♀	1pm24	B
	♂ Q ♀	6 4	
	☽ □ ⊙	9 0	B
	⊙ ∇ ♀	10 39	
	☽ △ ♀	1am26	
4 Th	☽ △ ♅	1 47	G
	☽ □ ⊙	2 2	B
	☽ ⚼ ♀	6 19	b
	☽ ⚼ ♅	10 42	g
	☽ ♂ ♂	1am23	B
5 F	☽ ⚼ ♀	6 19	
	♀ ∇ ♀	7 29	B
	☽ ∠ ♄	2pm54	b
	♀ stat	4 22	
	♀ ⊥ ♂	6 46	
6 S	♀ □ ⊙	9am54	B
	☽ P ♀	2pm59	G
	☽ △ ⊙	3 18	G
	♀ ⚼ ♀	5 51	
	☽ ♂ ♀	7 2	
7 S	☽ ⚹ ♄	7 56	G
	☽ △ ♀	8 30	b
	☽ □ ♃	2am17	b
8 M	☽ P ♀	11 53	B
	☽ ⚹ P	5pm21	G
	☽ □ P	11 24	b
	☽ ⚼ ♀	0am 8	
	☽ □ ♂	1 57	b
	☽ △ ♀	2 G	
	☽ P ♀	5 30	G
	☽ P ♂	7 29	G
	☽ △ ♀	8 4	G
	☽ P ♀	2pm46	D
	☽ P ♀	7 58	G
	☽ ∠ ♅	8 56	b
	☽ ♂ ♀	9 35	b
	☽ ∠ ♀	11 11	b
9 Tu	⊙ ⚼ ♅	5am13	
	☽ P ♄	7 55	B
	♀ ⚼ ♃	9 1	
	☽ P P	9 22	D
	☽ P ♄	11 28	B
10 W	♀ ∠ ♀	3am 5	b
	☽ △ ♀	3 55	
	☽ ⚼ ♀	3 56	
	☽ ⚹ P	4 24	
	☽ △ ♀	5 24	g
	☽ △ ⊙	5 29	G
	☽ P ♅	7 21	
	⊙ P ♅	11 13	
	☽ □ ♀	2pm24	
11 Th	☽ □ ♀	8 47	B
	☽ ⚼ ♃	9am25	g
	☽ P ♅	2pm11	B
	☽ P ⊙	4 10	G

21	☽ P ♀	8pm3	G
	☽ △ ♄	9 11	G
	☽ ⚹ ⊙	2am34	B
	☽ □ ♀	10 24	b
	☽ P ♀	2pm46	B
	☽ P ♀	5 43	G
	☽ ♂ P	6 11	D
	☽ □ ♂	9 42	B
	☽ P ⊙	10 59	G
22 M	☽ P ♅	10 59	
	☽ ∠ ♃	6 46	b
	☽ △ P	6 34	G
	☽ ⚹ ⊙	11 31	G
	☽ ⚹ ♀	2pm34	G
	☽ P ♃	6 49	G
	☽ ♂ ♀	8 5	g
	☽ ⚹ ♃	8 23	G
23 Tu	☽ P ♀	1am18	D
	♀ ± ♀	1 53	
	♂ ∠ ♀	3 37	
	☽ △ ♅	5 35	G
	☽ □ P	7 46	b
	♃ stat	0pm1	
	♀ △ ⊙	2 27	b
	☽ ⚹ ♀	3 20	G
	☽ P P	3 52	D
	☽ P ♄	4 35	B
	♀ ⚼ ♀	5 19	
	☽ □ ♄	5 48	B
	☽ ∠ ♀	10 0	b
	☽ P ♀	11 19	G
24 W	☽ ♂ ♀	0am25	G
	☽ ♂ P	6 7	b
	⊙ △ ♅	6 43	
	☽ ∠ ♅	1pm57	
	☽ □ ♀	3 55	B
	☽ ♂ ⊙	4 34	g
	☽ P ♀	6 35	G
	☽ □ ♀	6 46	b
	☽ ♂ ♃	9 28	B
	☽ ⚹ ♃	11 13	G
25 Th	☽ P ♅	11am26	B
	☽ ⚹ ♄	6pm18	G
	☽ P ♀	7 4	G
	⊙ ∠ ♄	9 7	
	☽ ♂ ♀	9 26	g
26 F	☽ ⚼ ♀	4am24	g
	☽ P ⊙	7 49	G
	☽ ♂ P	7 54	B
	☽ P ♄	2pm40	B
	☽ △ ♀	3 25	G
	☽ ♂ ♀	6 6	b
	☽ ♂ ⊙	7 24	D
	☽ △ ♃	8 54	G
	♀ Q ♀	9 18	
27 S	☽ □ ♂	0am33	
	☽ ∠ ♀	5 19	B
	☽ ∠ ♀	6 1	b
	☽ □ ♀	3pm 4	b
	☽ P ♀	3 19	G
	☽ ∠ ♄	5 57	g
	⊙ △ ♃	6 13	
	☽ P ♀	8 35	b
	☽ ⚹ ♀	9 16	g
28 S	♀ ∇ P	0am30	
	☽ ∠ ♀	1 54	G
	☽ ⚹ ⊙	7 53	G
	☽ P ♄	9 44	B
	☽ P P	10 3	D
	☽ ♂ ♅	10 32	g
29 M	☽ P ♀	0 am 5	D
	☽ △ ♀	2 26	G
	☽ P ♀	6 28	G
	☽ P ♀	6 38	
	☽ □ P	7 32	b

MAR.—cond.

29	☿±Ψ	5pm38
	)☌♄	6 54 B
	)P♂	11 36 B
30	)∠☉	1am 4 b
Tu	)☌♂	4 20 b
	)☌♃	6 4 b
	)⊻♅	7 43 g
	)△P	8 29 G
	)□♀	1pm45 B
	)☌♀	4 43 B
	)⊻∇P	5 7
	)☌♃	10 40 B
31	)✶☉	4am42 G
W	⊙P♅	6 34 B
	)△♆	7 48 G
	)∠☿	11 52 b
	♂☌♅	7pm36
	♄PP	9 57
	)⊻♄	11 5 g

APRIL

1	♀□Ψ	0am18
Th	)□P	1pm13 B
	)✶♃	5 4 G
	⊙♂♃	10 10
	)⊻♃	10 38
2	)△♀	0am26 G
F	♂±♃	1 37
	)∠♄	2 47 b
	)□♃	2pm21 B
	)△⊙	3 47 B
	)♂♂	4 36 B
3	)△☿	2am29 G
S	♀±♅	4 28
	)✶♄	7 32 G
	)P♂	7 52 b
	)□♃	9 4 b
	⊙□♃	3pm40
	)P♂	5 24 B
	♀□♃	8 5
	)✶♀	10 6 G
4	)☌♂	6am12 B
S	)△Ψ	7 43 G
	)P♃	0pm56 G
	)△♃	2 25 G
	)P♀Ψ	8 32 D
	)☌♂	10 2
5	⊙✶⊥♄	2 48
M	)☌♃	3 48 b
	)△⊙	7 43 G
	)P♄	0pm49 B
	)PP	1 21 D
	)∇Ψ	3 10
	)P♀	4 27 G
	)□♄	7 34 B
	♀Q♄	10 44
6	)∠♅	6am52 B
Tu	)⊻P	10 0 g
	)□♂⊙	10 26 b
	)□☉	4 48 b
	)□Ψ	7 59 B
	)△♀	9 1 G
7	)P♂	0am 8 G
W	)□♃	2 44 B
	)P⊙	9 26 G
	)♂♀	11 53 B
	)⊻♀	1pm15 g
	)P♅	10 7 B
	)△♂	10 16 G

8	☿⊻♅	0am50
Th	)□♃	4 12 b
	⊙□♃	6 23
	)△♄	9 8 G
	)☌P	10 53 D
9	)P♅	7am16 B
F	⊙⊥♀	8 38
	)✶♅	8 53 G
	)✶♃	3pm25 G
	)□♄	3 50 b
	♀stat	5 21
	⊙P♀	6 53
	)P♂	11 38 G
10	)P⊙	0am24 G
S	)☌♅	1 52 B
	)□♂	2pm 2 B
	)∠♀	3 2 b
	)♂♂	8 10 B
	)∠♃	9 25 b
11	☌∠Ψ	10a 22
☽	)□♃	10 43
	)⊻P	11 2 g
	)P♂	2pm 8 G
	)PP	4 4
	)□♀	4 45 b
	)P♄	5 23 B
	)♂♃	8 51 g
	)♂♀	10 24 B
12	⊙⊻♅	0am56
M	)⊻♄	3 3 g
	)P♃	8 25 D
	)⊻♅	1pm19 g
	)P♃	3 44 G
	)♂♃	4 33 b
13	)△♀	1am26 G
Tu	)☌♂	4 13 G
	)P♂	8 56 B
	)♂♂	9 55 B
	)♂♀	3pm15
	)⊻♅	6 24 b
	)♂♀	9 38 G
14	)☌Ψ	7am10 D
W	)✶♃	8 56
	)∠♂	10 33 b
	)☌♃	0pm59 b
	)⊻♃	7 39 b
	)✶♅	11 1 G
15	)□♃	5am20
Th	)□P	10 39 b
	)⊻♀	4pm15 g
	)□☉	4 52 b
16	)△♀	2am12 G
F	)□P	6 17 B
	)□♄	11 27
	)△♄	1pm26 G
	)∇Ψ	3 28 g
	)△♅	8 50 g
	)□♄	11 38 b
17	)✶♅	1am33
S	)♂⊙	6 34 B
	⊙±♀	6 36
	)∠Ψ	6pm43 b
	)∠♃	11 51 b
18	)△♄	1am39 B
☽	)△♃	2 58 G
	)✶♅	5 11 G
	⊙✶♅	7 4
	)P♂	0pm27 B
	)△P	0 32 G
	)□⊙	0 58 b
	)∠♂	5 0 B
	☿⊥♂	6 4

18	♀P♅	6pm25
	)✶Ψ	9 16 G
19	)✶♃	2am10 G
M	)P♃	2 31 G
	)PΨ	8 40 D
	)∠♀	10 2 b
	)△♅	11 33 G
	)□P	2pm37 b
	♂∠♄	6 11
	)P♄	8 19 B
	)±♃	9 34
	)P♀	10 25 D
	)□♄	11 34
20	⊙♂♀	0am45
Tu	)□♄	7 29 B
	)⊻♂	7 55 g
	)□♅	1pm 1
	)P♃	1 10 G
	)♀♀	1 56 g
	)P♂	5 18 G
	)✶♀	5 58 G
	)✶♃	8 17 G
21	)□Ψ	0am20 B
W	)□♃	4 46 B
	)∠♃	9 55 b
	)⊻P	2pm25
	)∠♃	5 37 b
	⊙P♂	8 42
	)⊻♅	9 44
	)P♅	10 26 B
	)∠⊙	10 47 b
	)∠♃	11 20 G
22	)✶♄	9 25 G
Th	)∇∇P	11 3
	)✶♃	11 20 G
2	)□♃	4pm52 g
☽	)⊻♀	5 8 B
	)P♂	5 20 G
	)♂♀	7 31 G
	)P♅	11 22 B
23	)⊻⊙	0am43 g
F	)△Ψ	1 8 G
	)△♃	5 13 G
	⊙∇♅	6 52
	)∠♄	9 44 b
24	☿±Ψ	0am47
S	)□♃	1 5 b
	)P♃	1 7 b
	)∠♃	5 2 b
	⊙±P	7 21
	)P⊙	8 26 G
	)□♄	9 54 g
	)□♃	1pm11 B
	)♂♂	2 52 G
	)PP	9 54 D
	)⊻♃	11 41 g
25	)P♄	0am31 b
☽	)☌⊙	4 3 D
	)PΨ	10 41 D
	)□⊙	0pm41
	♀△♀	4 3
	)P♃	4 5 G
	)⊻♃	5 10 b
26	)∠♀	2am 5 D
M	)✶♀	7 4
	)♂♄	10 47 B
	)⊻♃	1pm40 g
	)□♂	2 33 b
	)△♃	3 39 G
	)△P	5 43 G

27	)☌Ψ	2am 0 B
Tu	)✶♀	5 11 G
	)♂♃	5 48 B
	)⊻⊙	8 50 g
	♀△♃	0pm 0
	)∠♀	1 59 b
	)△♅	3 39 G
	)□♀	5 52 b
28	)∠⊙	0pm35 b
W	)⊻♄	2 13 g
	)✶♀	3 12 G
	)□P	9 5 B
	♂△♀	9 23
29	)□♀	2pm42 B
Th	)∠♄	5 25 b
	)✶⊙	5 37 G
	)✶♃	8 17
30	)□♃	8 37 B
F	)□♃	9am28 b
	)□P	1pm13 b
	)□♃	8 59 B
	)✶♃	9 43 G
	♀∠♃	11 25

MAY

1	)✶♃	4am29 G
S	)✶♅	7 0 B
	⊙∇♅	8 44
	)P♃	9 49 B
	)△Ψ	2pm 1 G
	)△♃	5 44 G
	)P♃	9 5 G
2	)PΨ	3am 6 D
☽	)✶♅	5 14
	)✶♅	5 43 G
	)△♀	5 46 G
	)□⊙	7 36 B
	)∠P	9 40 b
	)P♄	2pm 2 B
	)PP	6 27 D
	)□⊙	10 0 G
	)△♃	7am16 G
3	)□♄	9 13 B
M	⊙□♃	9 14
	)U Q♂	10 25
	☿stat	10 37
	)□♅	11 30 B
	)□P	3pm 1 b
	)⊻P	3 36 g
4	)□Ψ	1am33 B
Tu	♀P♄	1 40
	)P⊙	4 48 G
	)□♃	5 1 B
	)P♂	1pm19 G
	)△♀	1 41 b
	)⊻♅	5 47 g
5	)△⊙	1am18 G
W	)P♂	3 39 G
	)□♃	4 54 b
	)P♃	5 56 B
	♀PP	7 18
	⊙∇♅	8pm37
	)△♅	10 42 G
6	)♂P	4am25 D
Th	)☌♄	10 31 b
	)P♃	11 41 B
	)△♃	0pm46 G
	)✶♅	2 22 G
	)P♂	5 14 G
	)✶♃	5 22 G

7	)P♂	3am16 G
F	)□♄	5 24 b
	)♂♅	6 28 B
	⊙±♅	8 18
	)♂♀	8pm27 B
	)∠♃	8 29 b
	♀□♀	8 55
	)∠♃	11 14 b
8	)✶♀	0am18
S	)♂♂	10 27 B
	)⊻P	4pm33 g
	)♂♄	10 2
	)PP	11 8 D
9	⊙Ph	1am33
☽	)⊻♀	2 10 g
	)♂♂	3 21 B
	)Ph	4 38 B
	)∠♃	4 39 g
	)♀⊥♃	7 49
	)PΨ	2pm14 D
	)⊻♅	5 46 g
	)P♃	7 32 G
	)∠P	9 55 b
10	)P♂	3am44 B
M	)✶♃	5 27
	)⊻♄	8 52
	)□♃	11 23 B
	♄□♃	1pm 1
	)∠♅	10 39 b
	)♂♄	10 46 B
11	)✶P	2am45 G
Tu	)♂♃	11 59 D
	)♂♃	1pm57
	)✶♃	3 35 G
	)□P	9 19 B
12	☿±♃	2am15
W	)✶♅	3 0 G
	)□♀	5 3 b
	)P♅	11 13
	)☌♂	8pm50 b
	)△♀	4am13 G
13	)±♃	8 9
Th	)△♀	10 30 G
	)□P	10 54 B
	)∇∇P	5pm34
	)⊻♀	7 46 g
	)∠♀	9 16 g
14	)⊻♂	1am31 g
F	)P⊙	6 27 b
	)□♃	10 16 b
	)□♄	11 24 b
	)⊻♄	9pm22
	)∠♃	10 58 b
15	)△♃	0am15 b
S	♀±♀	4 3
	)△⊙	11 38 G
	)△♄	2pm39 G
	)△♅	4 10 B
	)±♃	4 37
	)□P	5 12 G
	)□♃	8 15 B
	⊙P♀	8 33
16	)✶♃	1am43 G
☽	)✶♃	2 47 G
	)△♃	3 28
	)P♂	4 6 B
	)♂♃	9 21 B
	)♂♀	9 25
	)P⊙	1pm 2 G
	)PΨ	1 53 D
	)△♅	3 44 G

MAY—contd.

16	☽ ⚼ ♇	7pm40	b	
	☽ P ♄	9 6	B	
17	☽ P P	3am 7	D	
M	☉ ♂ ♄	11 51		
	☽ ⚼ ♅	5pm46	b	
	☽ ∠ ♄	7 44	B	
	☽ ☐ ☉	8 15	B	
18	☽ ⚹ ♅	1am42	G	
Tu	☽ ⚹ ♀	4 21	G	
	☽ P ♃	5 34	G	
	☽ P Ψ	5 49	B	
	☽ ☐ ♃	6 29	B	
	☽ P ♀	9 29	G	
	☽ ∠ ♃	3pm 5	g	
	☉ △ ♃	4 31		
19	☿ ⚼ ♃	0am14		
W	☉ P ♃	2 36		
	☽ P ♅	5 32	b	
	☽ P ♄	6 15	B	
	☿ ⚼ ♃	6 46		
	☽ ∠ ♀	7 45	b	
	☽ ∠ ♃	5pm11	b	
	☽ ⚹ ♇	10 58	b	
20	☿ ♂ P	0am19	B	
Th	☿ ⚼ ♀	0 33		
	☽ ⚼ ☉	2 37	G	
	☽ ± ♃	4 17		
	☿ ⚼ ♃	4 21		
	☽ P ♅	5 41	B	
	☽ △ ♅	8 9	G	
	☽ △ ♃	8 27	G	
	☽ ⚼ ♀	8 52	g	
	☽ ⚼ ♃	10 46	g	
	☽ ⚹ △ ♃	6pm53	G	
	☽ ⚼ ♃	9 19	B	
21	☽ ∠ ♄	0am 0	b	
F	☿ ± ♃	1 32		
	☽ ⚼ ♀	5 8	b	
	☽ P ♀	6 8	G	
	☽ ☐ ♅	8 50	b	
	☽ ☐ ♃	8 58	b	
	☽ P ♀	11 8	G	
22	☽ ∠ ♄	0am50	g	
S	♃ ♂ ♀	4 48		
	☉ P P	5 17		
	☽ P P	7 5	D	
	☽ ∠ ☉	7 28	g	
	☽ P ♄	1pm39	b	
	☽ ♂ ♀	2 37	G	
	☽ ♂ ♃	4 16	g	
	☽ P Ψ	7 31	D	
	☽ △ ♀	9 40	B	
	☽ P ♃	10 50	G	
23	☽ P ♀	2am15	B	
S	☽ ☐ P	2 17	b	
	☽ P ☉	3 31	G	
	☉ ♂ ♀	9 0		
	☉ ⚼ ♀	11 50		
	☉ ☐ ♅	10p 42		
	☉ ☐ ♃	11 11	b	
24	☽ △ P	2am41	B	
M	☽ △ ♀	3 5		
	☽ ⚹ ♃	10 28	B	
	☽ △ ♀	10 50	B	
	☽ ♂ ☉	0pm33	D	
	☽ ⚼ ♀	8 55	g	
25	☽ ⚼ ♃	10 50	g	
Tu	☽ △ ♀	1 10	G	
	☿ ▽ ♅	2pm23		

25	♄ △ P	10p 12		
26	☽ ∠ ♀	1am 5	b	
W	☽ ∠ ♃	3 22	b	
	☽ ☐ ♀	3 49	b	
	☽ ☐ P	6 14	B	
	☽ ⚼ ♄	6 18	g	
	☽ ☐ ♀	9 52		
	☿ ⚼ ♅	0pm 2		
	☽ ⚼ ☉	8 12	g	
27	☽ ☐ ♅	4am39	B	
Th	☽ ⚼ ♀	6 20	G	
	☽ P ♄	7 26		
	☽ ⚼ ♀	9 9	G	
	☽ ∠ ♄	9 19	b	
	☽ ☐ ♃	4pm19	b	
	☽ ∠ ♀	5 19	b	
	☿ ☐ ♂	11 15		
28	☽ ∠ ☉	1am37	b	
F	☿ ☐ ♇	10 55		
	☽ ⚼ P	0pm38	G	
	☽ P ☉	1 18	G	
	☽ P ☉	7 16	G	
	☽ △ ♂	8 0	G	
	☽ △ Ψ	9 15	G	
29	☽ P ♂	5am22	b	
S	☽ ⚼ ♅	7 46	G	
	☽ ⚼ ☉	8 17	G	
	☽ ☐ P	9 3		
	☽ P Ψ	10 57	D	
	☽ ⚼ ♅	0pm38	G	
	☽ P ♄	4 29	B	
	☽ ∠ ♀	5 19	b	
	☽ ⚼ P	5 36	B	
	☽ ± ♀	6 2		
	☽ ☐ ♀	8 39	B	
30	☽ ☐ ♃	1am10	B	
S	☽ P P	1 31	B	
	☽ P ☉	8 13	G	
	☽ P ♀	9 58	G	
	☽ ∠ ♅	6pm 0	b	
	☽ Q ♃	10 33		
	☽ ⚼ ♅	10 49	g	
	☽ ☐ ♄	0am10	B	
31	☽ ☐ ♀	6 1	B	
M	☽ ☐ ♀	7 49	B	
	☽ ☐ ♅	9 18		
	☽ △ ♅	4pm 2		

JUNE

1	☽ ∠ ♅	0am 0	g	
Tu	☽ ☐ ☉	0 43	B	
	☽ P ♀	10 20		
	☽ P ♅	1pm32	B	
	☽ △ ♄	3 13	G	
	☽ △ ♀	10 24	G	
	♂ Q ♀	0am18		
2	☽ P P	9 7		
W	☽ ♂ P	11 20	D	
	☽ △ ♄	1 2	b	
	☽ ☐ ♂	2 47	b	
	☽ ⚼ ♀	5 14	B	
	☽ ⚼ ♀	6 2	G	
	☽ ⚼ ♀	8 21	G	
	☽ P P	9 57		
3	☽ ☐ ♀	1am 6	b	
Th	☽ ☐ ♀	9 49	B	
	☽ ☐ ♅	0pm41	B	
	☽ P ♄	8 43	G	
	☽ △ ♂	10 5	G	

4	☽ ∠ ♃	0 am 0	b	
F	☽ ∠ ♀	2 32	b	
	☽ ☐ ♅	5 40		
	☽ ⚼ Ψ	11pm38	g	
5	☽ ☐ ☉	3am10	B	
S	☽ ⚼ ♄	5 34	g	
	☽ P P	5 36	D	
	☽ ⚼ Ψ	8 17	g	
	☽ P ♀	10 16	G	
	☽ △ ♃	3pm 8		
	☽ P ♄	3 40	G	
	☽ P ♀	4 4	B	
	☽ P ♄	6 47		
	☽ P Ψ	8 25	D	
	☽ P ♃	10 51	G	
	☽ P ♀	11 41	B	
6	☽ ∠ ♅	0am12	g	
S	☽ ∠ P	5 1	b	
	☽ ☐ ♅	11 5	B	
	☽ ♂ ♄	11 10		
	☉ △ ♅	11 24		
	☽ P ☉	8pm49	G	
7	☽ P Ψ	3am30		
M	☽ ♂ ♀	3 35		
	☽ ⚼ ♀	3 39	B	
	☽ ♂ ♀	5 1	b	
	☽ ⚼ Ψ	9 46	G	
8	☽ ♂ ♃	0pm53	B	
Tu	☽ ⚼ ♅	9 11	G	
	☽ ⚼ ♀	9pm10	G	
	☽ ☐ ♀	11 35		
9	☽ ♂ ♀	0am 4	B	
W	☽ ☐ P	5pm17	B	
	♀ △ ♀	7 17		
	☽ ⚼ ♀	9 44	g	
10	☽ ∠ ♃	1 am 0	g	
Th	☽ ∠ ♀	1 11	b	
	☽ ☐ ♅	3pm43	B	
	☽ ⚼ ♀	10 42	b	
	☽ ♂ ♀	11 56	b	
11	☽ △ P	0am22	b	
F	☽ ∠ ♅	3 45	b	
	♀ P ♅	3 53		
	☽ ☐ ♄	4 40	g	
	♀ ♂ ♀	1pm50		
	♀ ☐ ♀	3 52		
	☽ P ♃	6 14	G	
	☽ △ ☉	10 45	G	
12	☽ ☐ ♀	1am21		
S	☽ ⚼ ♅	2 37	G	
	☽ △ ♂	2 39	G	
	☽ ♂ ♀	2 44		
	☽ △ ♅	3 46	G	
	☽ P ♀	4 35	G	
	☽ ⚼ P	5 46		
	☽ ⚹ ⚼ Ψ	6 8	G	
	♂ P ♃	11 55		
	☽ ☐ ♀	2pm50	b	
	☽ P ♀	4 50	G	
	☽ P ♄	5 34	G	
	☽ P ♂	5 35	B	
13	☉ ▽ Ψ	0am39		

12	☽ △ ♅	8pm32	G	
	☽ P ♄	9 53	B	
	☽ △ ♃	11 38	G	
13	☽ ☐ P	0am56	b	
S	♀ ⚼ ♀	5 55		
	☽ P P	8 14	D	
	☽ ♂ ♂	10 22	B	
	☽ △ ☉	6pm25	G	
	☽ P Ψ	10 28	b	
14	☽ ☐ ♃	6am13	B	
M	☽ ☐ ♄	7 7	B	
	☽ P Ψ	9 58	B	
	☽ ☐ ♀	0pm42	B	
	☽ P ♅	0pm18	B	
	☽ ⚼ ♂	2 53	g	
15	☽ ⚼ ☉	1am24	B	
Tu	☽ ♂ P	6 1	B	
16	♀ △ ♃	7 32		
W	☽ △ ♃	8 57	G	
	☽ P ♅	10 26	B	
	☽ ⚼ ♄	10 39		
	☽ △ Ψ	0pm56	G	
	☽ ∠ ♂	4 49	b	
	☉ P ♀	5 34		
	☽ ⚼ ♃	8 28	G	
	☽ ∠ ♃	3 am 2	B	
	☽ ∠ ♄	0pm10	b	
17	☽ ♂ ♄	3am 2	B	
Th	☽ ∠ ♄	0pm10	b	
	♅ stat	1 30		
	♀ stat	2 11	b	
	☽ ⚼ ♂	6 35	g	
	☽ ⚼ ☉	0 6	b	
	☽ P Ψ	7 39	D	
	☽ P P	9 50	D	
	☽ ⚼ ♃	1 38	g	
	☽ P ♄	11 55	B	
18	☽ P ♀	1am43	B	
F	☽ P Ψ	2 32	B	
	☽ P ♃	2 46	G	
	☽ △ ♃	3 42	g	
	☽ ∠ ♄	5 55	b	
	☽ ⚼ ☉	9 54	b	
	☽ ∠ ☉	10 44	b	
	☽ P ♀	11 03	G	
19	☽ ⚼ ♀	10 5	B	
S	☽ P ☉	4 27	G	
	☽ ⚼ ♃	6 56	b	
	☽ ▽ ♃	7 27		
	☽ ☐ P	7 51		
	☽ P ♃	11 20	G	
	☽ ⚼ ♅	11 36	B	
	☽ ♂ P	1pm32	B	
	☽ ♂ ☉	2 0	g	
	☽ ⚼ ♂	4 50	B	
	☽ P ♀	6 9	B	
	☽ ♂ ♃	9 36		
20	☽ △ ♅	8am36	G	
S	☉ ♂ ♀	9 33		
	☽ P ♅	11 35	G	
	☽ ⚼ ♅	8pm36		
	☽ △ ♂	2am27	G	
21	☽ ⚼ Ψ	2 48		
M	☽ ☐ P	3 17	B	
	☽ ⚼ ♀	9 25	g	
	☽ ♂ ☉	9 59	D	

23	☽ ♂ ♀	1am57	G	
W	☽ ☐ ♂	5 24	b	
	☽ ± ♃	0pm45		
	☽ ☐ ♃	1 25	B	
	☽ ☐ ♀	7 52	b	
	☽ ⚼ ♀	9 55	g	
24	☽ ∠ ♄	0am38	b	
Th	☽ ∠ ♀	0 58		
	☽ Q ♀	1 8	b	
	☽ P ♀	3 22	G	
	☽ P ♃	7 32		
	☽ P ☉	2pm 0	G	
	☽ ± P	6 29		
	☽ ± Ψ	8 19		
	☽ ⚼ P	9 43	G	
	☽ △ ♃	11 18	G	
	☽ P ☉	11 50	G	
25	☽ ∠ ♀	4am32	b	
F	☽ ⚼ ♃	4 41	G	
	☽ △ ♀	4 53	G	
	☽ ⚼ ☉	9 12	g	
	☽ P ♃	6pm42	B	
	☽ P ♀	6 52	G	
	☽ P Ψ	7 34	D	
	☽ ⚼ ♀	8 21	g	
	☽ P ♄	8 33	B	
	☽ ⚼ ♅	9 9	G	
	♄ ⚼ ♅	11 42		
26	☽ ☐ ♄	1 am 7		
S	☉ ± ♃	1 28		
	☽ ⚼ ♀	2 8	b	
	☽ P P	10 26	B	
	☽ ♂ ♀	0pm25	G	
27	☽ ∠ ☉	2am13	b	
S	☽ ∠ P	7 22	g	
	☽ P ♀	7 29	b	
	☽ ☐ ♃	8 37	B	
	☽ ⚼ ♀	1pm50		
	☽ ☐ ♀	2 46	B	
	☽ ☐ ♃	3 12	B	
28	☽ ⚼ ☉	0am25	G	
M	☽ ⚼ ♅	8 0	g	
	♂ ± ♀	4pm 0		
	☽ Q ♀	5 26		
	☽ P ♃	7 39	G	
	☽ P ♅	8 45	B	
29	☽ ± Ψ	4 16		
Tu	☽ ♂ ♂	6 30	B	
	☽ ∠ ♄	6 47		
	♂ △ ♄	1pm35		
	☉ △ ♄	4 43		
	☽ ♂ ♀	7 32	D	
	☽ △ ♀	8 22	G	
30	☽ P ♅	0am22	B	
W	☽ ⚼ ♀	2 57	G	
	☽ △ ♄	4 6	G	
	☽ ☐ ♂	2pm 2	b	
	☽ ☐ ☉	6 11	B	
	☽ ⚼ ♅	8 38	B	

JULY

1	☽ ∠ ♃	2am33	b	
Th	☽ P ♄	9 14	B	
	☽ ☐ ♄	10 43	b	
	☿ ▽ ♂	8pm17		

JULY—contd.			
1	☽△♂	8pm36	G
	☽□♂	8 40	B
2 F	☉□♀	1 am 1	
	☽△⊕	2 0	G
	☽∨♭	8 5	g
	☽∨♀	8 30	g
	☽P♭	11 37	D
	☽∨♀	3pm12	g
	♄P♀	11 4	
3 S	☉P♀	1am11	
	☽P♀	3 13	D
	☽P♭	3 14	B
	☽P♃	3 34	G
	☽P♂	5 8	B
	☽∨♅	8 36	g
	☽□♀	11 1	b
	☽△☉	11 14	G
	☿P♀	11 41	
	☿∠♀	1pm42	b
	☽∨♀	5 45	
4 ♋	☽P♀	5am27	G
	☽P☉	6 26	G
	☽P♀	7 52	G
	☽□♂	8 5	B
	☽∠♅	1pm39	b
	☽□P	2 29	
	♀P♃	3 14	
	☽△♀	6 20	G
	☽□♀	6 32	b
	☽⋇P	6 37	G
	☽♂♂	6 40	G
	☽□♃	8 17	
	☽⋇♀	8 17	
	☽△♃	8 33	
5 M	♃P♭	11 23	
	☽♂♅	1am16	D
	☽Q♀	1 17	
	♃P♀	3 26	
	☽♂♭	3 33	B
	☽∨♀	7 5	
	☽⋇♅	5pm54	G
6 Tu	☽□♀	3 am 5	b
	☽⋇♀	4pm20	G
	♂△♀	5 29	
7 W	☽∨♃	1am49	g
	☽□P	2 3	B
	☽♂♀	7 57	B
	☽∨♀	8 11	g
	♀∨♀	10 35	
	☿⋇♭	1pm32	
	☽∠♀	7 16	b
8 Th	☉P♀	0 am 6	B
	☉Q♀	0 31	
	☽∠♃	4 18	b
	☉□♀	10 28	
	☽□♀	10 36	b
	☽♂♭	10 37	B
	☽□♭	1pm28	b
	⊕±♀	5 57	
	♀∨♭	6 55	
	☽∨♀	9 33	g
	♀P♀	11 45	G
9 F	☽P☉	5am33	G
	☽⋇♃	6 14	G
	☽△P	6 43	G
	♀±♃	8 11	
	☽⋇♀	0pm28	G
	☽△♭	3 30	G
	☿P♀	5 37	B
	☽♂♀	10 9	B

	9 10 8	
☽P♂	10 56	B
☽P♭	1am29	B
☽P♃	2 10	G
☽P♀	2 16	D
☽△♅	3 55	G
☽□P	8 20	b
☉∠♃	8 31	
☽P♀	3pm53	D
☽□♀	9 9	b
☽□♀	0am43	B
☽□♅	5 18	b
♂stat	6 17	
☽□♃	8 59	B
☽□♀	3pm12	B
☽P♂	3 42	
☽P♭	6 36	B
☽♂♅	8 46	b
☽⋇♅	11 20	
12 M	☽△♀	0am44	G
	♀±♃	6 48	
	♀□♀	2pm25	
	☽P♀	4 15	B
	☽P♭	5 42	
	☽△♅	11 43	G
13 Tu	☽P♃	2am56	
	☽P♂	3 2	g
	☽P♀	3 31	
	☽△♃	11 10	G
	☽△♭	11 44	b
	☽♂P	0pm 3	B
	☽♂♀	2 33	
	☽P♅	3 52	B
	☽△♀	5 27	G
	☽⋇♅	9 16	G
14 W	♀⊥♭	3am29	
	☽∠♀	4 9	b
	☽□♀	7 46	B
	☽♂♅	8 56	B
	☽♂♃	0pm19	b
	☽△♀	4 4	G
	☽□♅	6 40	b
	♀□♅	9 34	
	☽△♭	10 42	b
15 Th	☉∨♂	11 47	
	☽P♀	5am22	G
	☽Q♭	5 47	B
	☽♂♀	7 14	
	☽P♭	4pm20	D
	☽P♀	10 58	G
16 F	☽△♀	0am50	g
	☽P♅	6 20	B
	☽P♃	6 23	G
	☽P♭	7 46	B
	♀□♃	11 37	
	☽P♀	0pm14	B
	☽⋇♀	3 31	G
	☽□P	4 20	b
17 S	☽P☉	8 57	G
	☽P♀	1am15	B
	☽P♃	7 32	G
	☽△♀	8 25	B
	☽♂⊕	0pm53	G
	☽□♅	1 48	b
	☽△P	5 1	B
	☽△♃	6 17	G
	☽∠♀	7 56	b
	☽□♭	11 37	b
18 ♋	☽△♅	4am27	B
	☽∨♭	4 pm 4	g
	☽P♀	4 39	
	☽△♀	5 3	b
19	☽∨♀		

☽⋇♀	11a 52	G
☽△♂	0pm43	G
♀Q♀	0 48	
♀□♀	1 6	
♀±♀	2 10	
☿□♀	7 0	
♀♂♂	7 43	
☽∨♀	9 46	g
☽□♀	11 21	B
☽△♀	11 38	
♀±♀	2am51	
☽∨♭	10 12	g
☽□♀	3pm33	b
☽♂♀	6 0	b
☽⋇♀	8 39	
☽□♅	9 59	B
☽□♃	1 am 6	b
☽P♅	8 8	b
☉□♀	8 12	
♀♂♀	0pm39	g
☽∠♀	1 54	b
☽∨♀	0am49	g
♀∠♭	2 43	
☽P♂	3 51	G
☽△♃	4 55	G
☽P♭	6 36	G
☽♂●	9 17	D
♀∨♅	11 0	
☽♂♀	0pm 5	G
☽♂♂	2 39	
☽P♭	5 56	B
☽P☉	6 12	G
☽⋇♭	6 14	G
☽P♭	1am37	B
☽P♃	3 45	G
☽P♅	3 52	D
☽⋇♅	6 17	G
☽∠♭	11 9	b
☽□♃	6pm38	
☉△♀	10 33	
♀♂♀	0am 5	
☽∨♀	3 21	B
☽∨♀	3 46	g
☽∠♀	4 14	b
☽P♀	0pm 4	G
☽∨P	1 42	
☽△♃	2 29	B
☽∨♀	4 22	g
♂♂♀	4 39	G
♃stat	7 0	
☽□♀	9 57	B
☽□♅	11 58	g
☽□♭	4am51	B
☽∨♀	0pm36	b
☽∨♅	5 7	g
☽P♅	3am13	B
☽∠☉	8 26	b
♀⋇☉	10pm46	G
☽⋇♃	2 20	G
☽△♀	4 23	D
☽P♅	8 56	B
☽⋇♀	9 58	G
☽∨♅	10 50	g
☽△♭	5 31	G
☽♂♀	7 28	
☽□♀	7 50	b
☽♂♅	5am44	B
☽△♃	8 44	b
☉P♭	11 43	

☽P♀	2pm12	G
♀△♃	3 19	
☽∠♀	4 19	b
☽∠♀	8 6	b
☽□♭	0 am 6	b
☽△♀	1 42	G
☿⋇P	11 56	
☽∨♀	3pm 4	g
☽∨P	5 11	g
☽P♭	5 12	B
☽□♀	5 47	B
♀Q♅	10 16	
☽∨♅	10 33	g
☽⋇♀	4am57	G
☉P♃	7 31	
♀P♀	8 1	
☽P♀	10 37	D
☽P☉	10 49	G
☽P♃	11 1	g
☽□☉	11 7	B
☽P♭	1pm38	B
☽P♀	2 15	
☽∨♅	6 15	g
☽∠♭	10 57	b
☽P♅	11 10	b
☽P♃	1 am 7	G
☽P♂	2 40	B
☽□♭	2 44	
☽□△	0pm25	B
☽△♀	3 59	
☽∠P	11 45	b

AUGUST

☽♂♃	2am26	G
☽⋇♀	4 29	G
☽♂♀	9 21	
☽△♀	11 24	G
☽♂♭	5pm26	B
☽□P	7 56	B
☽△♀	2am13	G
☽⋇♅	4 24	G
☽□♭	6pm34	b
☽△♅	8 22	G
☽♂♀	8 am 8	B
☉⋇♃	8 38	
☽△♃	10 39	g
☽□P	0pm35	B
☽∨♀	5 6	g
☽∠♂	11 3	b
♀⋇♭	5 am 2	
☽□♅	11 2	B
☽∠♀	1pm25	b
☽∠♃	7 36	b
☽∨♂	0am53	g
☽□♭	3 18	b
☽□♀	9 21	b
☽⋇♃	3pm22	G
☽△P	5 9	G
☽P♂	6 41	B
☽∨♅	9 19	G
☉∠♃	11 32	
☽△♭	4am57	g
☽P♀	7 41	G
☽P♭	8 38	B
☽♂♀	9 12	B
☽P♃	10 52	G
☽P♀	11 32	D
☽P♅	2pm24	b

☽♂☉	7pm42	B
☽P☉	8 4	G
♀P♭	10 53	
☽P♭	2am26	D
☽♂♂	2 36	B
☽□♅	3pm16	b
☽□♃	5 29	B
☽□♅	11 5	B
☽∨♀	5am31	
☽□♭	6 45	B
☽P♃	10 18	
☽♂♀	2pm34	B
☽P♀	5 43	G
☽P♅	10 28	b
☽P♀	11 10	
♀⋇♀	11 44	
☽∨♂	2am48	g
☽□♀	5pm48	b
☽△♀	6 32	G
☽♂P	8 11	B
☽△♀	11 57	G
☽P♅	11 57	G
☽P♅	11 59	B
☽⋇☉	2am27	b
☽∠♂	2 48	b
☽P♂	3 39	G
☉♂♂	6 53	
☽⋇P	7 52	G
☉Q♭	10 31	
☽⋇♅	4pm56	B
☽P♀	7 10	b
☽△♀	8 35	G
☽∠P	10 58	
☽□♅	0am32	b
☽⋇♂	2 59	G
☽△☉	4 48	G
☽∠♭	8 39	b
☽□♀	5pm26	b
☽P♭	8 10	D
☽P☉	8 41	G
♀♂♀	6am35	G
☉P♭	7 0	
☽∨♭	9 48	g
☽P♅	11 40	D
☽P♃	0pm46	G
☽P♭	2 56	B
♀stat	4 25	
☽♂♀	6 44	G
♀stat	7 5	
☽P♭	11 1	b
☽□♭	3am33	B
☽△♀	4 25	B
☽P♂	8 56	B
☽□☉	10 56	B
♂♂♂	11 49	
☽□♅	8pm55	b
♀△♃	11 19	B
☽△P	0am55	G
☽△♃	4 44	B
♀Q♭	0pm12	
☽∠♀	1 42	B
☽△♅	11 19	G
☽△♀	7am55	G
☉∠P	1pm21	G
☉⊥P	4 3	
☽⋇☉	7 53	G
☽△P	6am33	B
☽P♃	8 49	G
☽∨♭	8 3	g
☽∨♀	1am31	b
☽⋇♀	3 42	G

AUG.—contd.

17 (Tu)
- ☽ □ ♅ — 6am6 — B
- ☽ □ ♃ — 8 49 — b
- ☽ □ ♀ — 2pm12 — b

18 W
- ☽ ∠ ♇ — 0am 9 — b
- ☽ ∨ ☿ — 2 30 — g
- ☽ ∨ ☿ — 6 53 — b
- ☽ ∨ ☉ — 7 57 — g
- ☽ P ♂ — 8 46 — B
- ♀ ⊥ ♇ — 10 22
- ☽ △ ♃ — 1pm14 — G
- ☽ ✶ ♇ — 2 40 — G
- ☽ △ ♅ — 6 35 — G

19 Th
- ♀ P ♇ — 0am45
- ☽ ✶ ♄ — 4 52 — G
- ☽ P ♄ — 6 50 — B
- ☽ P ♃ — 8 52 — G
- ☽ ∨ ♂ — 10 23 — g
- ☽ P ♅ — 10 45 — D
- ☽ ✶ ♅ — 3pm18 — G
- ☉ ∠ ♇ — 5 50
- ☽ ∠ ♇ — 7 37 — b
- ☽ ♂ ♂ — 10 0 — B

20 F
- ☽ P ♇ — 5am18 — D
- ☽ P ♂ — 7 43 — G
- ☽ P ♅ — 5pm27 — G
- ☽ ♂ ♂ — 6 48 — g
- ☽ ∠ ♅ — 8 43 — b
- ☽ ♂ ● — 10 55 — D
- ☽ □ ♃ — 11 46 — B

21 S
- ☽ ∨ ♇ — 1 am 4 — g
- ☽ □ ♅ — 4 58 — B
- ☽ □ ♃ — 10 52
- ♀ ∠ ♅ — 2pm27
- ☽ P ♄ — 3 50 — B
- ☽ ♂ ♂ — 6 6 — G

22 S
- ☽ ∨ ♅ — 2am36 — g
- ☉ ∨ ♅ — 3 3
- ☽ P ♂ — 4 31 — G
- ☽ P ♅ — 8 26 — B
- ☽ ∨ ♃ — 10p 56

23 M
- ☿ □ ♄ — 1am50
- ♀ ∨ ♇ — 9 58
- ☽ ✶ ♃ — 0pm11 — G
- ☽ ♂ ♇ — 1 15 — D
- ☽ ∨ ♇ — 1 37 — g
- ☽ □ ♃ — 4 9 — g
- ☽ ∨ ☉ — 4 9 — g
- ☽ ✶ ♆ — 5 5 — G
- ♀ ⊥ ♅ — 6 14
- ☽ P ♃ — 6 16 — B

24 Tu
- ☽ P ♇ — 1 am 6 — G
- ☽ ∨ ♃ — 2 29 — g
- ☉ ∨ ♃ — 3 46
- ☽ △ ♄ — 4 23 — G
- ☽ ♂ ♅ — 3pm20 — B
- ☽ ♂ ♃ — 6 45 — b
- ☽ △ ♂ — 7 42 — G
- ♀ P ♃ — 8 39
- ☽ ∨ ♆ — 11 9
- ☽ ∨ ♃ — 11 23 — b
- ☽ ∠ ♇ — 11 31 — b

25 W
- ☽ ∨ ☉ — 1am12 — b
- ☽ P ♂ — 3 0 — G
- ☽ ♂ ♃ — 6 46 — b
- ☽ P ♂ — 6 59 — G
- ☽ ♂ ♄ — 10 54 — b
- ☽ P ♃ — 10p 20 — D

26 Th
- ☽ ∨ ♃ — 1am23 — g
- ☽ ∨ ♇ — 2 9 — g
- ☽ ∨ ♆ — 5 52 — g

---

26 (contd.)
- ☽ ✶ ♀ — 9am25 — G
- ☽ ✶ ☉ — 10 16 — G
- ☽ ✶ ♀ — 10 58 — G
- ☉ ♂ ♂ — 3pm 2
- ☽ P ♀ — 6 20 — D
- ☿ ♂ ♀ — 6 38
- ☽ P ♃ — 9 16 — G
- ☽ P ♄ — 10 40 — B
- ☽ ∨ ♅ — 4am14 — g

27 F
- ☽ □ ♂ — 7 22 — B
- ☽ ∠ ♇ — 8 25 — b
- ☉ ♂ ♀ — 7pm 1

28 S
- ☽ ∠ ♅ — 10am9 — b
- ☽ ♂ ♃ — 1pm45 — G
- ☽ ✶ ♇ — 2 12 — G
- ☽ ♂ ♀ — 5 40 — D
- ☽ □ ♇ — 6 37 — B

29 S
- ☽ □ ☉ — 2am56 — B
- ☽ ♂ ♃ — 3 43 — B
- ☽ ✶ ♇ — 4 25
- ☽ ✶ ♄ — 4 52 — B
- ☽ ✶ ♀ — 8 52
- ☉ ⊥ ♅ — 2pm28
- ☽ ✶ ♅ — 3 23 — G
- ♀ □ ♄ — 3 33
- ☽ ✶ ♂ — 5 24 — B

30 M
- ☽ ♂ ♄ — 4am41
- ☽ ∠ ♃ — 9pm10 — b
- ☽ ∠ ♀ — 11 22 — g
- ☽ □ ♇ — 11 29 — B

31 Tu
- ☽ ∨ ♅ — 0am25 — G
- ☽ ∨ ♃ — 2 38 — g
- ☉ P ♀ — 6 40
- ☽ △ ♂ — 3pm42 — G
- ☽ △ ♀ — 5 48 — G
- ♂ □ ♀ — 6 0
- ☽ P ♇ — 6 55
- ☽ □ ♂ — 7 20
- ♃ ✶ ♇ — 10 54
- ☽ □ ♅ — 11 9 — B

SEPTEMBER

1 W
- ☽ ∨ ♂ — 0am18 — g
- ☽ ∨ ♃ — 2 43 — b
- ☽ □ ♇ — 2 46 — b
- ☽ ∠ ♅ — 5 41 — b
- ☽ P ♀ — 6 57
- ☽ □ ♄ — 3pm57 — b
- ☽ □ ♃ — 8 16 — b
- ☽ P ♂ — 9 11 — B
- ☽ ∨ ☉ — 10 54 — b

2 Th
- ☽ △ ♇ — 4am57 — G
- ☽ ✶ ♃ — 5 07
- ☽ ✶ ♂ — 7 46 — G
- ☽ △ ♅ — 5pm44 — G
- ☽ P ♄ — 6 2 — B
- ☽ P ♃ — 6 26 — G
- ☽ P ♆ — 9 37 — D

3 F
- ☽ △ ♀ — 3 am 3 — G
- ☽ ♂ ♂ — 3 35 — b
- ☽ ✶ ♀ — 5 51
- ☽ □ ♇ — 6 19 — b
- ♀ ✶ ♂ — 11 22
- ☽ P ♀ — 2pm40 — D
- ☽ □ ♄ — 3am49 — b
- ☽ □ ♀ — 4 42 — b
- ☽ P ♃ — 7 19
- ☽ □ ♃ — 7 22 — B
- ☽ □ ♆ — 9 34 — B
- ☽ P ♂ — 5pm49 — G

---

4 (Sa)
- ☽ P ♄ — 7pm4 — B
- ☽ P ☉ — 7 38 — G

5 S
- ☽ ♂ ☉ — 4 am 3 — B
- ☽ ∨ ♂ — 4 9 — g
- ☉ ∨ ♇ — 4 17
- ☉ ∨ ♂ — 5 39
- ☽ P stat — 5 46
- ☽ P ♅ — 6 30 — B
- ☽ P ♄ — 8 1 — B
- ♂ △ ♅ — 4pm02
- ♃ P ♄ — 6 34

6 M
- ☽ ∠ ♂ — 3am55 — b
- ☽ P ♇ — 7 0 — B
- ☽ △ ♃ — 7 40 — G
- ☽ △ ♆ — 9 28 — G
- ☽ P ♅ — 11 19 — B
- ☽ ✶ ♄ — 6pm52
- ☽ P ☉ — 7 25 — G
- ☽ P ♂ — 8 13 — G
- ☽ ✶ ♂ — 3am40 — G

7 Tu
- ☽ ♂ ♃ — 3 54 — b
- ☽ □ ♂ — 4 48 — b
- ☽ □ ♃ — 7 41 — b
- ☽ □ ♆ — 9 20 — b
- ☽ □ ♀ — 11 46 — B
- ☽ P ♀ — 1pm26 — G
- ☽ ∠ ♄ — 6 48 — b
- ♀ ♂ ♃ — 7 17

8 W
- ☽ P ♃ — 2am27 — D
- ♀ ± ♂ — 2 53
- ☽ △ ♂ — 5 26 — G
- ☽ □ ☉ — 8 43 — b
- ☽ ♂ ♂ — 2pm19 — b
- ♀ Q ♀ — 2 25
- ☽ ∨ ♄ — 7 6 — g
- ☽ P ♀ — 7 40 — B
- ☽ P ♄ — 11 7 — B
- ☉ P ♇ — 11 17
- ☽ P ♃ — 11 35 — G

9 Th
- ☽ □ ♂ — 4am 4 — B
- ☽ □ ♀ — 7 36 — b
- ☽ ∨ ♃ — 11 3 — G
- ♂ stat — 1pm52
- ☽ P ♂ — 5 19 — B
- ☽ △ ♃ — 5 22 — G

10 F
- ☽ △ ♀ — 9 37 — D
- ☽ ∨ ♇ — 1am35
- ☽ □ ♅ — 5 46 — b
- ☽ △ ♇ — 8 51 — G
- ☽ ♂ ♃ — 9 13 — B
- ☽ □ ☉ — 10 18 — b
- ☽ ✶ ♀ — 11 20 — B
- ♂ ♂ ♄ — 9pm11
- ☽ ♂ ♄ — 9 33 — B

11 S
- ☽ △ ♂ — 5 am 2
- ☽ ∨ ♇ — 7 3 — G
- ☉ ± ♂ — 7 22
- ☽ △ ♅ — 7 45 — G
- ☉ Q ♃ — 8 43
- ♀ P ♀ — 5pm59
- ☽ P ☉ — 6 25 — B
- ☽ ∨ ♆ — 9 23
- ☉ Q ♀ — 11 17

12 S
- ☽ □ ♂ — 2am26 — B
- ☽ □ ♂ — 9 49 — b
- ☽ □ ♅ — 1pm12
- ☽ P ♇ — 1 49 — B
- ☽ ✶ ♂ — 5 56 — G
- ☽ △ ♃ — 3am17 — g
- ☽ P ♅ — 2pm20 — B
- ☽ □ ♆ — 7 41 — b
- ☽ □ ♀ — 8 13 — b

14 Tu
- ☽ ∠ ♃ — 0am24 — b
- ☽ ✶ ☉ — 6 1 — G

14
- ☽ ∠ ♄ — 7am25 — b
- ☽ ✶ ♀ — 4pm 3 — G
- ☽ P ♂ — 5 31 — B
- ☽ ∨ ♇ — 10 10 — G
- ☉ △ ♀ — 0 47 — G
- ☽ ∨ ♅ — 8 18 — g
- ☽ P ♃ — 10 13 — G
- ☽ P ♄ — 11 55 — B
- ☽ ✶ ♄ — 0pm14 — G

15 W
- ☽ ∨ ☉ — 1 16 — b
- ☽ P ♀ — 3 49 — D
- ☽ ♂ ♂ — 11 15 — B
- ☽ ✶ ♅ — 0 am 5 — G
- ☽ ∠ ♇ — 3 24 — b
- ♃ ♂ ♀ — 3 31
- ☽ P ♇ — 1pm17 — D
- ♀ □ ♄ — 7 40
- ☽ ∨ ☉ — 9 16 — g
- ☽ ∨ ♅ — 9 46

16 Th
- ☽ ✶ ♄ — 5am52 — b
- ♀ ∠ ♇ — 7 27
- ☽ ∨ ☉ — 9 10 — g
- ☽ ∨ ♅ — 9 21 — g
- ☽ P ♃ — 11 8 — G
- ☽ □ ♆ — 11 47 — B

17 F
- ☽ □ ♃ — 0pm 6 — B
- ☽ P ♄ — 11 33 — B
- ☽ ♂ ♂ — 3am30 — G
- ☽ ∨ ♅ — 9 19
- ☽ ∨ ♂ — 11 59 — g
- ☽ P ♆ — 0pm 8 — B
- ♀ ✶ ♂ — 3 12
- ☽ P ☉ — 11 41 — G

18 S
- ♄ stat — 11 am
- ☽ P ♀ — 5 28 — G
- ☽ ∨ ♂ — 9 38 — G
- ☽ ♂ ☉ — 2pm43 — D
- ☽ P ♇ — 2 45 — G
- ☽ □ ♂ — 5 54 — b
- ☽ ∨ ♆ — 9 37 — D

20 M
- ☽ ∨ ♇ — 0am12 — G
- ☽ ✶ ♃ — 1 10 — G
- ☽ P ♅ — 3 38 — B
- ☽ ♂ ♄ — 4 42 — G
- ☽ △ ♀ — 0pm 0 — G
- ♀ Q ♀ — 5 22
- ☽ ∨ ☉ — 5 45
- ☽ ∨ ♅ — 8 13
- ☽ P ♃ — 8 47 — G

21 Tu
- ☽ ∨ ♀ — 0am38 — G
- ☽ ∨ ♇ — 0 55 — B
- ☽ ∠ ♃ — 1 40 — g
- ☽ ∠ ♆ — 6 39 — b
- ☽ ∠ ♃ — 7 57 — b
- ☉ □ ♄ — 11 28
- ☽ P ♆ — 5pm49

22 W
- ☽ P ♇ — 6 24 — b
- ☽ P ♄ — 3 am 1 — D
- ♀ ♂ — 8 56 — g
- ☽ ∨ ♀ — 10 35 — g
- ☽ △ ♅ — 11 37

23 Th
- ☽ ∨ ♀ — 9am22 — G
- ☽ ∨ ♅ — 1pm54 — g
- ☽ □ ♂ — 2 9 — B
- ☽ ∠ ♇ — 4 55 — b
- ☽ △ ♀ — 5 53 — b
- ☽ P ♂ — 6 46 — B
- ☽ ✶ ♀ — 0am43 — G
- ♀ Q ♆ — 5 12
- ☽ ∨ ♇ — 10 10 — b
- ☉ ✶ ♅ — 0pm13
- ☿ ± ♂ — 0 54
- ♀ Q ♃ — 8 2 — b
- ☿ Q ♀ — 8 15
- ☽ ✶ ♇ — 10 57 — G

24 F
- ☽ P ♃ — 6 46 — B
- ☽ ∨ ♇ — 1am19 — D
- ☽ ✶ ☉ — 2 27 — G
- ☽ △ ♃ — 3 36 — G
- ☽ ♂ ♆ — 0pm32 — G
- ☽ ✶ ♂ — 7 11 — G
- ☽ ✶ ♅ — 7 25

25 S
- ☽ ♂ ♃ — 1am40 — G
- ☽ ✶ ♂ — 2 35 — G
- ☽ P ♂ — 8 2
- ☽ □ ♄ — 9pm50 — B
- ☽ ∨ ♆ — 7am53 — b
- ☽ □ P — 9 19 — B
- ☽ ∨ ♅ — 11 30 — g

26 S
- ☽ P ♇ — 1pm48
- ☽ ∨ ♃ — 2 19 — g
- ☽ □ ♃ — 5 17 — B
- ☽ □ ♅ — 10a 23 — B
- ☽ □ ♀ — 10 45 — B
- ☽ ∨ ♂ — 0pm19 — g
- ☽ ♂ ♆ — 2 16
- ☽ ∠ ♀ — 3 21 — b
- ☽ ∠ ♃ — 6 22 — b
- ☽ P ♄ — 1am25 — b

29 W
- ♀ △ ♂ — 11 17
- ☉ P ♃ — 0pm21
- ☽ P ♅ — 0 45
- ☽ △ ♂ — 2 4 — G
- ☽ △ P — 4 16 — G
- ☽ ✶ ♆ — 6 14 — G
- ☽ P ♂ — 8 49 — B
- ☽ ∨ ♃ — 9 26 — G
- ☽ P ♃ — 11 7 — G

30 Th
- ☽ P ♄ — 3am34 — B
- ☽ △ ☉ — 3 42 — G
- ☽ △ ♄ — 3 50 — G
- ☿ □ ♄ — 4 38
- ☉ △ ♄ — 5 42
- ☽ P ♀ — 6 23 — D
- ♀ ∠ P — 6 51
- ♀ △ ♅ — 4 1 — g
- ☽ ♂ ♃ — 6 12 — b
- ☽ □ P — 6 16 — b
- ☽ □ ♄ — 7 55 — b
- ☽ △ ♀ — 8 35 — G
- ♂ □ P — 9 48
- ☽ ♂ ♄ — 10 14

OCTOBER

1 F
- ☽ P P — 2am22 — D
- ☽ □ ☉ — 7 6 — b
- ♂ Q ♃ — 3 pm 6
- ☽ □ ♃ — 5 14 — b
- ☽ □ ♅ — 9 12 — B
- ☽ □ P — 11 53 — b

2 S
- ☽ □ ♂ — 0am40 — B
- ♀ ✶ ♂ — 2 25

OCT.—contd.

	☿ P ♃	4am31	
2	♂ □ ♄	6 0	B
	) P ♄	6 0	B
	) P ♂	10 8	G
	♀ ∠ ♃	10 40	
	) P ⨀	3pm 4	B
	) P ⨀	7 28	G
	) ⊥ ♂	8 29	g
3	) ☍ P	5am44	B
S	♀ ☍ P	7pm35	B
	) △ ♄	8 43	b
	) △ Ψ	9 17	G
	♀ △ ♄	9 24	
	) ☌ ⨀	9 36	G
4	) P ♅	0am35	B
M	) △ ♃	1 5	G
	) ⚹ ♄	5 36	G
	) ☍ ♂	6 42	B
	) P ♂	8 41	G
	) ☍ ⨀	0pm20	B
	) ⚹ ♂	5 14	B
	) ⚹ ♂	8 41	G
	) □ ♅	8 49	b
	♀ □ ♄	11 7	
5	) △ ♃	0am50	b
Tu	) ∠ ♄	5 5	b
	) ☌ ♂	5 35	B
	) P ♃	11 28	D
6	) ⚹ ♄	4am37	g
W	⨀ P ♅	6 29	
	) P Ψ	6 36	D
	) P ♄	8 52	B
	) P ♂	10 19	B
	) P ♃	2pm23	G
	) □ P	6 37	b
	) □ ♃	9 5	B
	) □ ♃	3pm35	b
7	) □ ⨀	4 53	b
Th	) □ ♅	5 10	G
	) △ P	7 3	g
	♀ ☌ Ψ	8 46	B
	⨀ ☌ ♅	9 24	
8	♀ ⊥ Ψ	0am59	
F	) ☌ ♃	1 47	B
	) ☌ ♄	5 13	b
	♀ ☌ ♅	5 18	
	) P ♄	8 59	
	) □ ♀	0pm51	b
	⨀ ☌ ♂	2 47	
	) △ ♅	6 24	G
	) △ ⨀	7 52	G
	) △ ♃	8 10	G
	) P ♅	9 8	
9	) △ ♂	0 am 0	g
S	♀ ∠ Ψ	11 44	
	) △ ♃	5pm18	G
	) □ P	10 30	B
10	⨀ ☌ ♀	3 am 0	b
S	⨀ ∠ Ψ	3 56	
	) ∨ ♄	9 10	g
	) △ ♃	10 30	b
	♂ P Ψ	10 27	
	) □ ♃	11 46	B
11	) △ ♃	3am37	b
M	) □ ⨀	5 31	B
	⨀ P ♃	9 37	B
	⨀ P ♂	10 8	
	) □ ♃	10 12	b
	) P Ψ	0pm39	b
	♀ ∠ ♃	2 27	

11 / 12

11	♀ ⊥ ♄	11p54	
12	♀ ∨ ♃	3am36	
Tu	) ⚹ P	6 1	G
	) □ ♃	6 17	B
	) △ Ψ	7 56	G
	) □ ♄	8 14	
	) P ♃	9 23	G
	⨀ △ ♂	2pm 5	
	) △ ♃	3 5	G
	) ⚹ ♄	5 7	G
	) P ♄	5 35	B
	) P Ψ	7 47	D
	) P ♂	9 48	B
	♀ ∨ ♅	11 17	
13	) P ♅	9am12	G
W	) ∠ P	11 9	b
	) ☌ ♂	6pm31	B
	) △ ⨀	8 4	G
	) P P	8 6	D
14	) ⚹ ♂	4am38	G
Th	) P ♂	7 29	G
	⨀ ∠ ♃	7 31	
	) △ ♃	3pm 2	b
	) ∨ P	4 58	g
	) □ Ψ	6 56	B
	) P ♂	7 37	G
	⨀ □ ♄	10 57	
	) ⚹ ♅	11 52	G
15	) P ⨀	0am42	G
F	) □ ♃	3 12	B
	) □ ♄	4 9	B
	) ∠ ⨀	4 39	b
	) P ♅	2pm42	B
	) ∠ ♃	3 30	b
	) ∨ ♅	9 21	g
16	) ∠ ♀	9am40	b
S	♀ ∨ ♃	0pm32	
	) ∨ ⨀	1 40	g
	♀ ∨ ♄	3 30	
17	⨀ ⊥ P	2am34	
S	) ∨ ♂	2 43	g
	♃ ☌ ♃	3 7	
	) ☌ P	5 41	D
	) ⚹ ♅	7 39	G
	) P ♅	0pm34	B
	) □ ♂	4 7	b
	) △ ♄	4 34	G
	) ⚹ ♃	4 51	G
	) ⊥ P	5 1	
	) ∨ ♅	7 38	g
18	) P ⨀	0am41	
M	) P ♄	8 17	G
	) ☌ ♃	10 26	B
	) ∠ ♃	2pm 8	b
	♀ ∨ ♅	3 15	
	) P ♂	9 10	G
	) □ ♄	10 49	b
	) △ ♅	11 37	G
	) △ ♃	11 44	b
19	) P Ψ	7am10	
Tu	) P P	7 34	D
	) ☌ ⨀	7 59	D
	♀ P ♃	10 11	
20	⨀ ⊥ ♃	0pm47	
W	) ∨ P	6 35	g
	) ∨ ♃	8 31	g
	) P ♃	11 33	B
	) ☌	0am59	G
	) ☌ ♂	6 29	g
	) P Ψ	9 34	D

20

20	) P ♄	11am6	B
	) ☌ ♀	3pm18	G
	) P ♃	10 16	G
	) ∨ ♅	11 12	g
21	) ∠ P	0am47	b
Th	☿ ∨ Ψ	5 42	
	) □ ♂	2pm 9	B
	⨀ △ ♂	8 26	
	) ⊥ P	8 28	G
	) △ ♃	11 8	
22	♀ P P	1 am 7	
F	) ∨ ⨀	1 33	G
	) ∠ ♅	5 14	b
	) ⚹ P	6 44	G
	) ☌ Ψ	8 38	D
	) ☌ ♃	4pm28	B
	) ☌ ♃	7 14	G
	) ∨ ♂	9 51	g
23	) ∨ ♀	9am38	g
S	) ∠ ⨀	9 44	b
	) ⚹ ♅	10 54	G
	) ⊥ ♄	1pm36	
	) ∨ ♅	10 51	
24	) ⚹ ♂	3am23	G
S	) ∠ ♃	7 21	b
	) ⚹ P	10 51	
	♀ ∠ P	0pm51	
	) ⚹ ⨀	5 18	G
	) □ ♀	5 25	B
	) □ ♂	5 49	B
	) P ♃	6 39	
	⨀ ∨ ♅	7 15	g
25	) △ ♃	6am15	g
M	♀ P ♂	6 32	
	) ∠ ♃	9 10	b
	⨀ ⊥ ♃	1pm58	
	) ∨ ♃	3 57	G
	) ⚹ ♅	6 21	
	) □ ♃	8 39	B
	) ∠ Ψ	11 40	b
26	) ⚹ ♀	1am20	G
Tu	) □ ♄	6 26	b
	) ∠ ♃	10 46	b
	) ∨ ♂	2pm22	g
	) P ♃	11 49	b
27	) △ P	1am35	G
W	♀ ⊥ ♃	2 11	
	) ⚹ ♅	3 19	G
	) ☌ ⨀	5 54	B
	) ∨ ♅	8 23	
	) △ ♄	9 41	G
	) P ♄	11 33	B
	) P Ψ	0pm12	D
	) ⚹ ♃	2 26	G
	♀ ☌ ♅	6 13	
	) P ⨀	7 16	G
	) P ♃	7 26	G
28	♀ P ♀	0am33	
Th	) □ ♅	3 23	G
	) □ P	4 25	b
	) P ♂	5 15	B
	) □ ♃	5 40	B
	) P P	11 20	D
	) □ ♀	0pm56	B
	) P ⨀	3 59	G
	) ☌ ♂	9 29	B
29	♀ ⊥ ♅	0am20	
F	) □ ♃	5 25	b
	⨀ ∨ ♂	5 37	
	) P ♃	7 59	B
	) □ ♄	1pm36	b
	) △ ⨀	2 14	G
	) P ♃	7 1	B

29 / 30 / 31

29	) P ♅	10pm2	B
30	) P Ψ	0pm27	
S	) △ ♀	2 26	G
	) P ♄	3 25	
	) □ ⨀	4 52	b
	) △ P	7 59	G
	⨀ ⊥ P	11 50	
31	) ∨ ♃	1 am 7	g
S	) ☌ P	7 53	B
	) △ ♅	9 26	G
	) ⊥ ♃	11 17	
	) P ♅	1pm31	B
	) ⚹ P	2 25	G
	♀ P ♅	4 39	
	) ∨ ♃	5 17	b
	⨀ P P	5 41	
	♀ P ♄	7 23	
	) △ ♃	8 28	G
	) □ ♀	10 14	b

NOVEMBER

1	) ∠ ♂	1am54	b
M	) ☌ ♅	7 3	B
	) □ ♀	9 20	b
	) ∠ ♃	2pm 5	b
	) □ ♂	8 29	b
	) P P	9 36	D
	⨀ P ♂	10 27	
	) P ♃	11 10	B
	) P ⨀	11 14	G
2	) ⚹ ♂	2am21	G
Tu	) ∠ ♃	3 31	
	⨀ ∨ ♃	1pm33	g
	♄ P ♅	4 42	
	) P ♄	6 53	B
	) P ♀	6 54	D
	) ∨ ⨀	9 20	B
	) P ♃	10 28	G
3	) P ♃	3am25	G
W	) P ♃	7 2	G
	) P ♀	7 9	b
	♀ P P	6pm 5	G
	♀ ☌ ♀	10 42	
4	) ∠ ♀	0am 6	B
Th	) □ ♃	3 29	B
	) □ ♂	3 44	B
	) △ P	6 31	b
	) △ P	7 9	G
	) ☌ ♀	8 43	B
	) ☌ ♃	1 pm 5	B
	) P ♃	7 24	
	) ∠ ♀	9 6	B
5	⨀ ⊥ ♃	7 am 4	g
F	⨀ ⊥ ♃	7 19	
	♀ ∠ ♅	2pm20	
	⨀ ⚹ P	9 20	
6	) □ ⨀	3am53	
S	) △ ♃	3 7	G
	) △ ♃	9 10	B
	) ∨ ♄	3pm10	g
	) △ ♀	4 52	
	♀ ∨ ♀	8 9	
	) △ ⨀	8 16	G
	) △ P	10 26	b
	) □ ♃	11 3	B
	) □ ♀	0pm47	b
	) □ ♄	1 23	b
	) □ ♀	3 27	b

7

7	) ∠ ♃	5pm39	b
	♂ ∨ Ψ	6 32	
8	) P ♀	1am23	B
M	) □ ♅	3 52	
	) □ ♃	4 20	b
	) P ♃	9 13	G
	) P ♀	10 17	G
	) ⚹ P	1pm32	
	) ⚹ ♀	3 8	G
	) △ ♅	5 2	G
	) △ ♅	5 15	
	) △ ♂	7 46	G
	) ⚹ ♅	9 11	G
	) △ ♀	10 4	G
	) ∨ ♅	11 50	
9	) P Ψ	0am30	D
Tu	) P ♄	1 5	B
	) P ♃	3 29	
	⨀ ∠ P	6 11	
	) ☌ ♀	8 0	
	) △ ♃	8 56	G
	) P ⨀	0pm42	G
	) ⚹ ♅	7 16	G
	) ∠ P	7 44	b
	) □ ⨀	8 53	B
10	) ⚹ P	2am41	D
W	) □ ⨀	10 0	B
	♂ ∨ Ψ	5pm17	
11	) P Ψ	0am47	b
Th	) ∨ P	1 11	g
	) □ ♅	3 14	B
	) ☌ ♂	3 40	B
	) □ ♄	7 7	B
	) □ ♃	1pm40	B
	) △ ♄	3 9	B
	) P ♃	5 19	B
	) ☌ ♃	8 57	B
12	) ∨ ♅	6am58	g
F	) ⚹ ⨀	1pm52	G
13	) ☌ P	1pm45	D
S	) ⚹ ♀	3 52	G
	) △ ♄	7 15	G
	) ∨ ♃	9 7	B
	) ∨ ⨀	10 21	
	) ∠ ⨀	11 6	b
14	) ⚹ ♃	9am21	
S	) △ ♅	10 13	G
	) ⚹ ♀	10 49	G
	) ⚹ ♅	10 57	G
	) ☌ ♀	4pm21	
	) ⚹ ♅	8 3	B
	) ∠ ♅	10 24	b
	) P ♃	11 39	B
15	) □ ♄	1am27	b
M	) □ ♂	2 59	b
	) ∨ ⨀	8 20	g
	) P P	0pm37	D
	♀ □ P	5 43	b
	♀ ☌ P	5 55	
	) ∠ ♃	8 22	b
	) ∨ P	8 50	b
	♀ ☌ P	9 55	
16	) ∨ ♃	2am35	g
Tu	) ∨ ♀	4 44	g
	) △ ♂	10 41	G
	) P ⨀	2pm27	G
	) P ♄	3 10	B
	) △ ♃	4 58	D
17	⨀ P ♄	1 24	
W	) ∨ ♀	6 2	g
	) ∨ ♃	6 20	g

NOV.—*contd.*

(This page consists of a dense astrological aspectarian table arranged in multiple columns, giving daily planetary aspects with their times and symbols for November and December 1971. The entries use astrological glyphs for the planets and aspects, with times given in am/pm and letters G, B, b, D, g noting the nature of each aspect.)

EPHEMERIS TIME

Since this Ephemeris is now calculated in E.T. it will be necessary to convert G.M.T. to E.T. before finding the positions from the tables.

The approximate value of $\triangle$T in 1971 is $+39$ seconds. Therefore to convert G.M.T. to E.T. add 39 seconds.

Note that one hour must be subtracted from B.S.T. to give G.M.T.

DISTANCES APART OF ALL ♂'s AND ☍'s IN 1971

Note. The Distances Apart are in Declination. ♇ =Pluto.

JANUARY

3	☽ ☌ ♇	5am58	17 28
4	☽ ☌ ♅	5 26	4 11
5	♀ ☌ ♃	4 52	2 54
6	☽ ☌ ♄	1pm49	7 8
6	☽ ☍ ♂	8 51	5 43
7	☽ ☌ ♃	0 59	5 54
7	☽ ☌ ♀	4 11	8 49
7	☽ ☍ ♆	7 8	6 37
9	♀ ☍ ♆	0 16	2 11
9	☽ ☍ ♂	6 25	7 6
11	☽ ☌ ☉	1 21	2 49
11	☽ ☌ ♇	7am 9	17 39
18	☽ ☌ ♅	11 21	4 21
21	☽ ☌ ♄	2 29	7 9
22	☽ ☌ ♂	4 13	5 43
22	☽ ☌ ♃	7 39	5 59
22	☽ ☌ ♀	9 59	6 42
23	☽ ☌ ♀	10 1	8 21
25	☽ ☌ ♂	5 34	3 53
26	☌ ☌ ♃	1 20	0 18
26	☽ ☌ ☉	10pm56	1 31
27	☌ ☌ ♆	8am 0	1 3
30	☽ ☌ ♀	0pm46	17 46
31	☽ ☍ ♅	11am54	4 23

FEBRUARY

1	♃ ☌ ♆	7am20	0 44
2	☽ ☌ ♄	7pm32	7 7
4	☽ ☌ ♂	1am43	6 45
4	☽ ☌ ♀	2 19	6 1
4	☽ ☌ ♂	10 43	5 33
6	☽ ☌ ♀	5 23	7 3
8	☽ ☌ ♅	4pm32	0 39
10	☽ ☌ ☉	7am43	0 14
13	☽ ☌ ♇	1pm16	17 50
14	☽ ☌ ♀	5 40	4 23
17	☽ ☌ ♄	0 2	7 5
18	☽ ☌ ♆	7 26	6 46
18	☽ ☌ ♃	10 54	6 1
19	☽ ☌ ♂	10 5	5 7
22	☽ ☌ ♂	4am39	4 3
24	☽ ☌ ♀	7pm54	9 6
25	☽ ☌ ●	9am49	1 4
26	☽ ☌ ♀	9pm47	17 53
27	☽ ☌ ♅	8 1	4 22

MARCH

2	☽ ☌ ♄	5am12	7 1
3	☽ ☌ ♆	8 29	6 45
3	☽ ☌ ♀	1pm24	6 1
5	☽ ☌ ♃	1am23	4 34
6	☉ ☌ ♀	7pm 2	1 34
8	☽ ☌ ♀	5am30	2 23
12	☽ ☌ ♀	2 34	2 13
12	☽ ☌ ♀	2pm46	3 36
12	☽ ☌ ♇	6 11	17 52
13	☿ ☌ ♇	10am59	14 16
13	☽ ☌ ♅	10pm 4	4 17
16	☽ ☍ ♄	10 26	6 56
18	☽ ☌ ♀	2am13	6 41
18	☽ ☌ ♆	8 40	5 57
19	☉ ☌ ♀	3pm17	15 7
20	☿ ☌ ♀	10am10	0 57
20	☽ ☌ ♀	1pm31	3 40
24	☽ ◐ ♀	0am25	0 16
26	☽ ☍ ♇	7 54	17 52
26	☽ ☌ ☉	7pm24	3 13

MARCH—continued

27	☽ ☌ ♅	5am19	4 15
28	☽ ☌ ♀	1 54	2 30
29	☽ ☌ ♄	6pm54	6 52
30	☽ ☌ ♆	4 43	6 38
30	☽ ☌ ♃	10 40	5 54

APRIL

1	☉ ☌ ♅	10pm10	0 40
2	☽ ☌ ♂	4 36	2 46
7	☽ ☌ ♀	11am53	2 24
8	☽ ☌ ♇	10pm53	17 52
10	☽ ☌ ♀	1am52	4 12
10	☽ ☌ ☉	8pm10	4 0
11	☽ ☌ ♀	10 24	1 38
13	☽ ☌ ♀	9am55	6 45
14	☽ ☌ ♀	7 10	6 32
14	☽ ☌ ♂	0pm59	5 50
18	☽ ☌ ♂	1am39	1 32
19	☽ ☌ ♂	11pm34	1 35
21	♀ ☌ ♀	2 25	13 43
22	☽ ☍ ♀	5 8	17 52
22	☽ ☌ ♀	7 31	4 14
23	☽ ☌ ♅	2 10	4 12
24	☽ ☌ ♀	2 52	3 52
25	☽ ☌ ☉	4am 3	4 33
26	☽ ☌ ♄	10 47	6 43
27	☽ ☍ ♀	2 0	6 30
27	☽ ☌ ♃	5 48	5 47

MAY

1	☽ ☌ ♂	7am 0	0 25
2	♀ ☌ ♂	5 14	0 53
6	☽ ☌ ♀	4 25	17 49
7	☽ ☌ ♅	6 28	4 13
8	☽ ☌ ♀	8pm27	5 29
9	☽ ☌ ♀	10am27	6 43
10	☽ ☌ ♀	11 23	4 48
10	☽ ☍ ♀	10pm46	6 39
11	☽ ☌ ♀	11am59	6 27
11	☽ ☌ ♀	1pm57	5 45
16	☽ ☌ ♀	9am21	0 57
17	☉ ☌ ♄	11 51	1 50
19	☽ ☌ ♀	0 19	17 49
20	☽ ☌ ♀	9pm19	4 16
22	♃ ☌ ♀	4am48	0 42
22	☽ ☌ ♀	2pm37	6 9
22	☽ ☌ ♀	4 16	7 41
23	☽ ☌ ♀	9am 0	0 59
23	☉ ☌ ♀	11 50	1 41
24	☽ ☌ ♀	2 41	6 39
24	☽ ☌ ♃	10 28	5 45
24	☽ ☌ ♆	10 50	6 27
24	☽ ☌ ♂	0pm33	4 45
29	☽ ☌ ♂	5 36	2 11

JUNE

2	☽ ☌ ♇	11am20	17 50
3	☽ ☌ ♅	0pm42	4 21
3	☽ ☌ ♀	11am10	0 24
7	☽ ☌ ♀	3 35	0 24
7	☽ ☌ ♀	3 39	6 6
7	☽ ☌ ♄	0pm50	6 40
7	☽ ☌ ♃	2 54	5 46
7	☽ ☌ ♀	4 58	7 4
7	☽ ☌ ♆	5 55	6 28
7	☽ ☍ ♀	11 20	0 28

JUNE—continued

9	☽ ☍ ☉	0am 4	4 19
11	♀ ☌ ♄	1pm50	0 43
11	♀ ☌ ♃	3 52	0 11
12	☽ ☌ ♄	1am21	0 54
13	♀ ☌ ♀	5 55	0 37
13	☽ ☌ ♂	10 22	3 32
16	☽ ☍ ♇	6 1	17 50
17	☽ ☍ ♅	3 2	4 26
20	☽ ☌ ♃	1pm32	5 47
20	☽ ☌ ♄	4 50	6 42
20	☽ ☌ ♆	6 5	6 30
21	☉ ☌ ♀	9am33	1 4
22	☽ ☌ ♀	11 35	5 21
22	☽ ☌ ☉	9pm59	3 36
23	♀ ☌ ♀	1am57	2 9
25	♀ ☌ ♆	11pm42	0 11
26	☽ ☌ ♂	6 47	4 42
29	☽ ☌ ♇	7 32	17 50
30	☽ ☌ ♅	8 38	4 31

JULY

4	☽ ☌ ♃	6pm40	5 48
4	☽ ☌ ♆	1am16	6 34
5	☽ ☌ ♀	3 33	6 43
7	☽ ☌ ♀	7 57	3 47
8	☽ ☌ ☉	10 37	2 31
9	☽ ☍ ♀	10pm 9	0 50
11	☽ ☌ ♀	0am43	5 48
13	☽ ☌ ♇	0pm 3	17 49
14	☽ ☌ ♀	8am56	4 35
17	☽ ☌ ♃	5pm 1	5 49
17	☽ ☍ ♀	11 37	6 36
18	☽ ☌ ♄	4am27	6 46
19	☽ ☌ ♆	7pm43	4 14
21	☽ ☌ ♂	0 39	1 55
22	☽ ☌ ●	9am17	1 23
24	☽ ☌ ♀	3 21	6 33
24	☽ ◐ ♀	4pm39	0 53
27	☽ ☌ ♇	4am23	17 47
28	☽ ☌ ♀	5 44	4 37

AUGUST

1	☽ ☌ ♃	2am26	5 46
1	☽ ☌ ♆	9 29	6 36
1	☽ ☌ ♀	5pm26	6 47
6	☽ ☌ ♀	9am12	0 17
6	☽ ☌ ☉	7pm42	0 4
7	☽ ☌ ♀	2am36	6 46
8	☽ ☌ ♀	2pm34	0 50
9	☽ ☍ ♇	8 11	17 45
10	☉ ☌ ♀	6am53	6 30
10	☽ ☌ ♆	4pm56	4 39
13	☽ ☌ ♀	11am49	5 25
13	☽ ☌ ♃	11pm19	5 43
14	☽ ☌ ♂	4am44	6 36
14	☽ ☌ ♄	1pm42	6 49
19	☽ ☌ ♀	10 0	6 26
19	☽ ☌ ♀	6 48	2 7
20	☽ ☌ ●	10 55	1 5
21	☽ ☌ ♀	6 6	2 29
23	☽ ☌ ♇	1 15	17 42
24	☽ ☌ ♀	3 20	4 39
26	☽ ☌ ♂	3 2	3 57
26	☽ ☌ ♆	8 57	5 12
27	☉ ☌ ♀	7 1	1 17
28	☽ ☌ ♂	1 45	5 36
28	☽ ☌ ♄	5 40	6 33
29	☽ ☍ ♀	4am52	6 47

SEPTEMBER

3	☽ ☌ ♂	3am35	4 39
4	☽ ☌ ♀	4 42	0 44
5	☽ ☌ ☉	4 3	2 14
5	☽ ☌ ♀	8 1	3 43
6	☽ ☌ ♇	7 0	17 41
7	☽ ☌ ♅	3 54	4 39
10	☽ ☌ ♃	10 10	5 31
10	☽ ☍ ♀	11 20	6 29
10	☽ ☌ ♄	9pm33	6 46
15	☽ ☌ ♀	11 15	4 53
16	♃ ☌ ♆	5am31	1 0
17	♀ ☌ ♇	7 27	13 5
18	☽ ☌ ♀	3 30	3 19
19	☽ ☌ ☉	2pm43	3 10
19	☽ ☌ ♇	9 37	17 41
20	☽ ☌ ♀	4am42	4 42
21	☽ ☌ ♀	0 55	4 39
25	☉ ☌ ♇	5 42	14 19
25	☽ ☌ ♆	1 19	6 23
25	☽ ☌ ♄	3 36	5 19
28	♀ ☌ ♇	2 16	0 27
28	☽ ☌ ♀	6am51	12 44
30	☽ ☌ ♂	6pm12	4 10

OCTOBER

1	☽ ☌ ♇	7pm35	17 44
1	☽ ☌ ♅	6am42	5 10
3	☽ ☌ ☉	0pm20	3 57
4	☽ ☌ ♀	5 4	4 41
5	☽ ☌ ♀	5am35	5 16
7	☽ ☌ ♆	8pm46	6 17
7	☉ ☌ ♅	9 24	0 35
8	☽ ☌ ♃	1am47	5 10
8	☽ ☌ ♀	5 13	6 40
8	☽ ☌ ♄	5 18	10 29
8	☉ ☌ ♀	2pm47	1 2
8	☽ ☌ ♀	6 31	3 47
17	♃ ☌ ♄	3am 7	1 35
17	☽ ☌ ♀	5 41	17 49
18	☽ ☌ ♅	10 26	4 42
19	☽ ☌ ☉	7 59	4 29
20	☽ ☌ ♀	0 59	4 33
20	☽ ☌ ♇	3pm18	5 8
22	☽ ☌ ♆	8am38	6 10
22	☽ ☌ ♀	4pm28	6 35
22	☽ ☌ ♃	7 14	4 56
22	☽ ☌ ♀	9 29	3 36
31	☽ ☍ ♀	7am53	17 59

NOVEMBER

1	☽ ☌ ♅	7am 3	4 47
2	☽ ☌ ☉	9pm20	4 44
4	☽ ☌ ♀	0am 6	2 59
4	☽ ☌ ♀	3 44	4 25
4	☽ ☌ ♀	8 43	6 7
4	☽ ◐ ♄	1pm 5	6 35
9	☽ ☌ ♃	6 44	4 40
6	♀ ☌ ♀	4pm52	1 52
7	☽ ☌ ♆	6 32	3 34
8	♀ ☌ ♄	1 32	2 30
9	☽ ☌ ♀	8am 0	4 14
13	☽ ☌ ♇	1pm45	18 9
13	♀ ☌ ♃	9am21	1 5
14	☽ ☌ ♀	4pm21	2 54
14	☽ ☌ ♅	8 3	4 52
18	☽ ☌ ☉	1am46	4 58
18	☽ ☌ ♆	4pm29	6 2
18	☽ ☌ ♄	6 35	6 34

DISTANCES APART OF ALL �½'s AND ⚶'s IN 1971
NOTE. The Distances Apart are in Declination. ♇ = Pluto.

39

NOV.—*continued*			DECEMBER			DEC.—*continued*			DEC.—*continued*		
19	☽ ☌ ♃	0pm30	4 32	1	☽ ☌ ♄	8pm33	6 35	12	☽ ☌ ♅	5am48	5 5	24	☽ ☌ ♂	7pm 0	4 8
19	☽ ☌ ☿	11 29	1 16	1	☽ ⚶ ♆	9 20	6 2	12	☉ ☌ ☿	9pm 3	1 42	25	☽ ⚶ ♇	0am36	18 49
19	☽ ☌ ♀	11 49	2 56	2	☽ ⚶ ☉	7am50	4 14	14	☿ ☌ ♃	5am 7	1 39	26	☽ ☌ ♅	3 34	5 11
25	☉ ☌ ♆	5 45	1 34	2	☽ ⚶ ♀	6pm 8	4 22	15	☽ ☌ ♄	9pm28	6 36	29	☽ ☌ ♄	2 38	6 38
25	☉ ⚶ ♄	11 7	2 7	3	☽ ⚶ ♂	2 54	2 0	16	☽ ☌ ♆	1am34	6 3	29	☽ ☌ ♆	8 20	6 5
26	☽ ☌ ♂	7am 4	3 44	4	☽ ⚶ ☿	4am37	1 13	16	☽ ☌ ♃	11pm39	6 36	29	♂ ⚶ ♆	10pm11	14 41
27	☽ ⚶ ♇	5pm47	18 23	9	☽ ⚶ ♄	8pm53	3 55	17	☽ ☌ ♃	7am24	4 10	30	☽ ☌ ♀	3am25	6 12
27	♄ ⚶ ♆	6 51	0 32	10	☉ ☌ ♃	4am 9	0 25	17	☽ ☌ ☉	7pm 3	3 21	30	☽ ⚶ ♃	2pm32	3 59
28	☽ ⚶ ♅	6 58	4 59	10	☽ ☌ ♇	10pm 8	18 37	20	☽ ⚶ ♀	4am35	0 51	31	☽ ⚶ ☉	8 19	2 16

TIME WHEN THE SUN AND MOON ENTER THE ZODIACAL SIGNS IN 1971.

JANUARY		FEBRUARY		MARCH		APRIL		MAY		JUNE	
1	☽ ♓ 4am 9	1	☽ ♉ 3pm50	3	☽ ♊ 3am 3	1	☽ ♋ 4pm53	1	☽ ♌ 9am36	2	☽ ♎ 5pm27
3	☽ ♈ 6 28	3	☽ ♊ 8 36	5	☽ ♋ 9 49	4	☽ ♌ 2am 7	3	☽ ♍ 9pm 4	5	☽ ♏ 8am36
5	☽ ♉ 10 1	6	☽ ♋ 4am 8	7	☽ ♌ 7pm57	6	☽ ♍ 2pm17	6	☽ ♎ 10am 0	7	☽ ♐ 3pm28
7	☽ ♊ 3pm 9	8	☽ ♌ 2pm 7	10	☽ ♍ 8am11	9	☽ ♎ 3am17	8	☽ ♏ 10pm 4	9	☽ ♑ 10 45
9	☽ ♋ 10 10	11	☽ ♍ 1am59	12	☽ ♎ 9pm 6	11	☽ ♏ 9pm28	11	☽ ♐ 8am 8	12	☽ ♒ 2 38
12	☽ ♌ 7am25	13	☽ ♎ 2pm51	15	☽ ♏ 9am31	14	☽ ♐ 2am 3	13	☽ ♑ 4pm 9	14	☽ ♓ 8 2
14	☽ ♍ 6pm59	16	☽ ♏ 3am22	17	☽ ♐ 8pm23	16	☽ ♑ 10 38	15	☽ ♒ 10 20	16	☽ ♈ 11 45
17	☽ ♎ 7am53	18	☽ ♐ 1pm45	20	☽ ♑ 4am37	18	☽ ♒ 4pm45	18	☽ ♓ 2am39	18	☽ ♉ 1pm39
19	☽ ♏ 8pm 4	19	☉ ♓ 7am28	21	☉ ♈ 6 38	20	☉ ♉ 5 42	20	☽ ♈ 5 11	20	☽ ♊ 4 25
20	☉ ♒ 5 14	20	☽ ♑ 8pm36	22	☽ ♒ 9 28	20	☽ ♓ 8 7	21	☉ ♊ 5pm16	22	☉ ♋ 1am21
22	☽ ♐ 5am15	22	☽ ♒ 11 43	24	☽ ♓ 11 8	22	☽ ♈ 9 9	22	☽ ♉ 6am32	22	☽ ♌ 8pm32
24	☽ ♑ 10 33	25	☽ ♓ 0am 6	26	☽ ♈ 10 46	24	☽ ♉ 9 7	24	☽ ♊ 8 25	25	☽ ♍ 3am14
26	☽ ♒ 0pm36	26	☽ ♈ 11pm30	28	☽ ♉ 10 17	26	☽ ♊ 10 0	26	☽ ♋ 11 27	27	☽ ♎ 1pm 7
28	☽ ♓ 1 2	28	☽ ♉ 11 55	30	☽ ♊ 11 44	29	☽ ♋ 1am45	28	☽ ♌ 6pm18	30	☽ ♏ 1am23
30	☽ ♈ 1 37							31	☽ ♍ 4am49		

JULY		AUGUST		SEPTEMBER		OCTOBER		NOVEMBER		DECEMBER	
2	☽ ♏ 1pm46	1	☽ ♐ 8am49	2	☽ ♒ 7am 3	1	☽ ♓ 7pm36	2	☽ ♉ 5am56	1	☽ ♊ 4pm26
4	☽ ♐ 1 1	3	☽ ♑ 4pm31	4	☽ ♓ 8 51	3	☽ ♈ 7 41	4	☽ ♊ 5 29	3	☽ ♋ 5 53
7	☽ ♑ 7am 3	5	☽ ♒ 8 46	6	☽ ♈ 8 44	5	☽ ♉ 6 43	6	☽ ♋ 7 17	5	☽ ♌ 10 18
9	☽ ♒ 11 27	7	☽ ♓ 10 35	8	☽ ♉ 8 39	7	☽ ♊ 6 55	8	☽ ♌ 0pm58	7	☽ ♍ 6am42
11	☽ ♓ 2pm15	9	☽ ♈ 11 27	10	☽ ♊ 10 26	9	☽ ♋ 10 12	10	☽ ♍ 10 45	10	☽ ♎ 6pm20
13	☽ ♈ 4 33	12	☽ ♉ 0am56	12	☽ ♋ 3pm22	12	☽ ♌ 5am32	13	☽ ♎ 11am 6	13	☽ ♏ 7am 2
15	☽ ♉ 7 11	14	☽ ♊ 4 12	14	☽ ♌ 11 38	14	☽ ♍ 4pm17	15	☽ ♏ 11pm50	15	☽ ♐ 6pm37
17	☽ ♊ 10 48	16	☽ ♋ 9 51	17	☽ ♍ 10am30	17	☽ ♎ 4am48	18	☽ ♐ 11am30	18	☽ ♑ 4am 7
20	☽ ♋ 3am58	18	☽ ♌ 5pm59	19	☽ ♎ 10pm48	19	☽ ♏ 5pm31	20	☽ ♑ 9pm37	20	☽ ♒ 11 33
22	☽ ♌ 11 17	21	☽ ♍ 4am20	22	☽ ♏ 11am33	22	☽ ♐ 5am32	22	☉ ♐ 11 15	22	☉ ♑ 0pm26
23	☉ ♌ 0pm15	23	☽ ♎ 4pm25	23	☉ ♎ 4am47	24	☉ ♏ 1 53	23	☽ ♒ 5am52	25	☽ ♓ 5 10
24	☽ ♍ 9 10	23	☉ ♍ 7 16	24	☽ ♐ 11 44	24	☽ ♑ 4pm 5	25	☽ ♓ 11 48	24	☽ ♈ 9 9
27	☽ ♎ 9am12	26	☽ ♏ 5am 9	27	☽ ♑ 9am53	27	☽ ♒ 0am10	27	☽ ♈ 3pm 4	26	☽ ♉ 11 46
29	☽ ♏ 9pm50	28	☽ ♐ 4pm56	29	☽ ♒ 4pm38	29	☽ ♓ 4 56	29	☽ ♉ 4 8	29	☽ ♊ 1am39
		31	☽ ♑ 1am54			31	☽ ♈ 6 26			31	☽ ♋ 4 3

THE POSITION OF PLUTO ♇ IN 1971.

Date	Long.	Lat.	Dec.	Date	Long.	Lat.	Dec.	Date	Long.	Lat.	Dec.
	° '	° '	° '		° '	° '	° '		° '	° '	° '
Jan. 1	29♍42	16N 3	14N 49	May 11	27♍10	16N 21	16N 6	Sept. 18	29♍22	15N 38	14N 34
11	29 R40	16 9	44	21	27 R 3	16 17	16 5	28	29 45	15 38	14 25
21	29 36	16 14	15 1	31	26 59	16 13	16 2	Oct. 8	0♎ 7	15 39	14 17
31	29 28	16 19	15 3	June 10	26D 59	16 8	15 58	18	0 29	15 41	14 11
Feb. 10	29 17	16 23	15 17	20	27 1	16 4	15 53	28	0 49	15 44	14 5
20	29 4	16 26	15 25	30	27 7	15 59	15 46	Nov. 7	1 8	15 48	14 1
Mar. 2	28 50	16 29	15 33	July 10	27 16	15 55	15 39	17	1 24	15 52	13 58
12	28 34	16 30	15 41	20	27 28	15 51	15 31	27	1 38	15 57	13 57
22	28 18	16 31	15 48	30	27 42	15 47	15 22	Dec. 7	1 50	16 2	13 58
Apr. 1	28 1	16 31	15 54	Aug. 9	27 59	15 44	15 12	17	1 57	16 7	14 0
11	27 46	16 30	15 59	19	28 18	15 41	15 2	27	2 2	16 13	14 3
21	27 32	16 28	16 3	29	28 38	15 39	14 52	Jan. 1	2♎ 3	16N 16	14N 5
May 1	27♍20	16N 25	16N 5	Sept. 8	29♍ 0	15N 38	14N 43				

LOCAL MEAN TIME OF SUNRISE FOR LATITUDES
60° North to 50° South

FOR ALL SUNDAYS IN 1971. (ALL TIMES ARE A.M.)

Date	NORTHERN LATITUDES									SOUTHERN LATITUDES				
	LON-DON	60°	55°	50°	40°	30°	20°	10°	0°	10°	20°	30°	40°	50°
1970 Dec. 27	8 5	9 4	8 25	7 58	7 21	6 54	6 33	6 14	5 57	5 40	5 21	4 58	4 31	3 50
1971 Jan. 3	8 6	9 2	8 25	7 59	7 22	6 56	6 36	6 18	6 0	5 43	5 25	5 3	4 36	3 57
,, 10	8 3	8 56	8 22	7 56	7 22	6 57	6 37	6 20	6 3	5 47	5 29	5 9	4 43	4 6
,, 17	7 58	8 46	8 14	7 52	7 20	6 56	6 38	6 22	6 6	5 51	5 34	5 15	4 50	4 15
,, 24	7 50	8 33	8 4	7 45	7 15	6 54	6 37	6 23	6 8	5 54	5 39	5 21	4 58	4 26
,, 31	7 40	8 17	7 53	7 36	7 10	6 51	6 35	6 23	6 10	5 57	5 43	5 27	5 7	4 38
Feb. 7	7 29	8 1	7 41	7 25	7 3	6 47	6 33	6 22	6 11	5 59	5 47	5 33	5 16	4 51
,, 14	7 16	7 42	7 27	7 13	6 55	6 41	6 30	6 21	6 11	6 1	5 51	5 39	5 24	5 4
,, 21	7 2	7 23	7 11	7 1	6 46	6 35	6 26	6 18	6 10	6 2	5 54	5 44	5 32	5 16
,, 28	6 49	7 3	6 55	6 47	6 36	6 28	6 21	6 15	6 9	6 3	5 57	5 50	5 40	5 28
Mar. 7	6 34	6 43	6 38	6 32	6 25	6 20	6 16	6 12	6 8	6 4	5 59	5 55	5 48	5 40
,, 14	6 18	6 22	6 20	6 17	6 14	6 12	6 10	6 8	6 6	6 4	6 2	5 59	5 56	5 51
,, 21	6 2	6 1	6 2	6 2	6 3	6 4	6 4	6 4	6 4	6 4	6 4	6 4	6 3	6 2
,, 28	5 46	5 40	5 44	5 47	5 52	5 56	5 58	6 0	6 2	6 4	6 5	6 8	6 10	6 13
Apr. 4	5 31	5 19	5 26	5 32	5 41	5 47	5 52	5 56	6 0	6 4	6 7	6 12	6 17	6 24
,, 11	5 15	4 58	5 8	5 17	5 30	5 39	5 46	5 52	5 58	6 4	6 9	6 16	6 24	6 35
,, 18	5 0	4 37	4 51	5 3	5 19	5 31	5 40	5 48	5 56	6 4	6 11	6 21	6 31	6 46
,, 25	4 46	4 17	4 35	4 49	5 9	5 24	5 35	5 45	5 55	6 4	6 13	6 25	6 38	6 56
,, 2	4 32	3 57	4 20	4 36	5 0	5 17	5 31	5 43	5 54	6 4	6 16	6 29	6 45	7 7
,, 9	4 19	3 39	4 5	4 24	4 52	5 11	5 27	5 41	5 53	6 5	6 18	6 34	6 52	7 17
,, 16	4 8	3 21	3 52	4 14	4 45	5 7	5 24	5 39	5 53	6 7	6 21	6 38	6 59	7 27
,, 23	3 58	3 6	3 40	4 5	4 39	5 3	5 22	5 38	5 53	6 8	6 24	6 42	7 5	7 36
,, 30	3 51	2 53	3 31	3 58	4 34	5 0	5 20	5 38	5 54	6 10	6 26	6 46	7 10	7 44
June 6	3 46	2 43	3 25	3 53	4 31	4 58	5 20	5 38	5 55	6 12	6 29	6 50	7 15	7 51
,, 13	3 43	2 37	3 21	3 50	4 30	4 58	5 20	5 39	5 56	6 13	6 32	6 53	7 19	7 56
,, 20	3 42	2 36	3 20	3 50	4 31	4 59	5 21	5 40	5 57	6 15	6 34	6 55	7 22	7 59
,, 27	3 44	2 38	3 22	3 52	4 33	5 1	5 23	5 42	5 59	6 17	6 35	6 56	7 23	8 0
July 4	3 49	2 45	3 27	3 56	4 36	5 3	5 25	5 43	6 1	6 18	6 36	6 56	7 22	7 59
,, 11	3 55	2 55	3 35	4 2	4 40	5 6	5 27	5 45	6 2	6 18	6 36	6 55	7 20	7 55
,, 18	4 3	3 8	3 44	4 10	4 45	5 10	5 30	5 47	6 2	6 18	6 35	6 53	7 17	7 50
,, 25	4 12	3 23	3 55	4 19	4 51	5 14	5 32	5 48	6 3	6 17	6 33	6 50	7 12	7 42
Aug. 1	4 22	3 38	4 7	4 28	4 57	5 19	5 35	5 49	6 3	6 16	6 30	6 46	7 5	7 33
,, 8	4 33	3 55	4 20	4 38	5 4	5 23	5 37	5 50	6 2	6 14	6 26	6 41	6 58	7 22
,, 15	4 44	4 12	4 33	4 48	5 11	5 27	5 40	5 51	6 1	6 11	6 22	6 34	6 49	7 9
,, 22	4 55	4 29	4 46	4 59	5 17	5 31	5 42	5 51	6 0	6 8	6 17	6 27	6 39	6 56
,, 29	5 6	4 46	4 59	5 9	5 24	5 35	5 44	5 51	5 58	6 5	6 12	6 20	6 29	6 42
Sept. 5	5 18	5 2	5 12	5 20	5 31	5 39	5 45	5 51	5 56	6 1	6 6	6 12	6 18	6 28
,, 12	5 29	5 19	5 25	5 30	5 37	5 42	5 47	5 50	5 53	5 56	5 59	6 3	6 7	6 13
,, 19	5 40	5 36	5 38	5 40	5 44	5 46	5 48	5 49	5 51	5 52	5 53	5 54	5 56	5 57
,, 26	5 51	5 52	5 51	5 51	5 50	5 50	5 49	5 49	5 48	5 47	5 46	5 44	5 42	
Oct. 3	6 3	6 8	6 4	6 2	5 57	5 54	5 51	5 49	5 46	5 43	5 41	5 37	5 32	5 27
,, 10	6 14	6 25	6 18	6 13	6 4	5 58	5 53	5 48	5 44	5 39	5 35	5 29	5 21	5 12
,, 17	6 26	6 42	6 32	6 24	6 12	6 3	5 55	5 48	5 42	5 36	5 29	5 21	5 11	4 57
,, 24	6 38	7 0	6 46	6 35	6 19	6 8	5 58	5 49	5 41	5 33	5 24	5 14	5 1	4 43
,, 31	6 50	7 18	7 0	6 46	6 27	6 13	6 1	5 50	5 40	5 31	5 20	5 7	4 52	4 30
Nov. 7	7 2	7 36	7 14	6 58	6 35	6 18	6 4	5 52	5 40	5 29	5 16	5 1	4 43	4 18
,, 14	7 15	7 54	7 28	7 10	6 43	6 24	6 8	5 54	5 41	5 28	5 14	4 57	4 36	4 7
,, 21	7 27	8 11	7 42	7 21	6 51	6 29	6 12	5 57	5 42	5 28	5 12	4 54	4 31	3 58
,, 28	7 38	8 27	7 55	7 32	6 59	6 35	6 16	6 0	5 44	5 28	5 11	4 52	4 27	3 52
Dec. 5	7 48	8 41	8 6	7 41	7 6	6 41	6 21	6 3	5 47	5 30	5 12	4 51	4 25	3 47
,, 12	7 55	8 53	8 15	7 48	7 12	6 46	6 25	6 7	5 50	5 33	5 14	4 52	4 25	3 45
,, 19	8 1	9 0	8 21	7 54	7 17	6 50	6 29	6 10	5 53	5 35	5 17	4 54	4 26	3 46
,, 26	8 5	9 4	8 25	7 58	7 20	6 54	6 32	6 14	5 57	5 39	5 20	4 58	4 30	3 50
1972 Jan. 2	8 6	9 2	8 25	7 58	7 22	6 56	6 35	6 17	6 0	5 43	5 24	5 2	4 35	3 55

Example:—To find the time of Sunrise in Jamaica (Latitude 18° N.) on Saturday, June 26th, 1971. On June 20th, L.M.T.=5h. 21m.+$\frac{7}{16}$×19m.= 5h. 25m., on June 27th, L.M.T.=5h. 23m. + $\frac{7}{16}$ ×19m.=5h. 27m., therefore L.M.T., on June 26th=5h. 25m. +$\frac{6}{7}$×2m.=5h. 27m. A.M.

LOCAL MEAN TIME OF SUNSET FOR LATITUDES

60° North to 50° South

FOR ALL SUNDAYS IN 1971. (ALL TIMES ARE P.M.)

Date	NORTHERN LATITUDES LON-DON	60°	55°	50°	40°	30°	20°	10°	0°	SOUTHERN LATITUDES 10°	20°	30°	40°	50°
	H M	H M	H M	H M	H M	H M	H M	H M	H M	H M	H M	H M	H M	H M
1970														
Dec. 27	3 57	2 58	3 36	4 4	4 41	5 8	5 29	5 47	6 4	6 22	6 41	7 3	7 31	8 11
1971														
Jan. 3	4 3	3 7	3 44	4 10	4 46	5 12	5 33	5 51	6 8	6 25	6 43	7 5	7 32	8 11
,, 10	4 11	3 20	3 54	4 19	4 53	5 18	5 37	5 55	6 11	6 27	6 45	7 6	7 31	8 9
,, 17	4 22	3 35	4 6	4 29	5 1	5 24	5 42	5 58	6 14	6 29	6 46	7 5	7 29	8 4
,, 24	4 34	3 52	4 19	4 40	5 9	5 30	5 47	6 1	6 15	6 30	6 45	7 3	7 25	7 57
,, 31	4 46	4 10	4 34	4 51	5 17	5 36	5 51	6 4	6 17	6 30	6 43	6 59	7 19	7 47
Feb. 7	4 59	4 28	4 49	5 3	5 25	5 42	5 55	6 7	6 18	6 29	6 41	6 55	7 12	7 36
,, 14	5 12	4 47	5 3	5 15	5 34	5 48	5 58	6 9	6 18	6 27	6 37	6 49	7 4	7 24
,, 21	5 25	5 5	5 18	5 27	5 42	5 53	6 2	6 10	6 17	6 24	6 33	6 43	6 54	7 11
,, 28	5 37	5 23	5 32	5 39	5 50	5 58	6 5	6 10	6 16	6 22	6 28	6 36	6 44	6 57
Mar. 7	5 49	5 41	5 46	5 51	5 57	6 3	6 7	6 11	6 15	6 19	6 22	6 28	6 33	6 42
,, 14	6 2	5 58	6 0	6 2	6 5	6 7	6 10	6 11	6 13	6 15	6 17	6 19	6 23	6 27
,, 21	6 14	6 15	6 14	6 14	6 12	6 12	6 11	6 11	6 11	6 11	6 11	6 11	6 12	6 12
,, 28	6 25	6 32	6 28	6 25	6 19	6 16	6 13	6 11	6 9	6 7	6 5	6 3	6 0	5 57
Apr. 4	6 37	6 49	6 41	6 35	6 27	6 20	6 15	6 10	6 6	6 3	5 59	5 54	5 49	5 42
,, 11	6 49	7 6	6 55	6 46	6 34	6 24	6 17	6 10	6 4	5 59	5 53	5 46	5 38	5 27
,, 18	7 1	7 24	7 9	6 57	6 41	6 29	6 19	6 11	6 3	5 55	5 47	5 38	5 27	5 12
,, 25	7 12	7 41	7 22	7 8	6 48	6 33	6 22	6 11	6 1	5 52	5 42	5 31	5 17	4 59
May 2	7 23	7 59	7 36	7 19	6 55	6 37	6 24	6 12	6 0	5 50	5 38	5 25	5 9	4 47
,, 9	7 35	8 16	7 49	7 30	7 2	6 42	6 26	6 13	6 0	5 48	5 34	5 20	5 1	4 35
,, 16	7 46	8 32	8 2	7 40	7 8	6 46	6 29	6 14	6 0	5 46	5 31	5 15	4 54	4 25
,, 23	7 56	8 48	8 14	7 49	7 15	6 51	6 32	6 16	6 0	5 45	5 29	5 11	4 48	4 17
,, 30	8 5	9 3	8 24	7 57	7 21	6 55	6 35	6 17	6 1	5 45	5 28	5 9	4 44	4 10
June 6	8 12	9 14	8 33	8 4	7 25	6 59	6 38	6 19	6 2	5 46	5 28	5 7	4 41	4 6
,, 13	8 17	9 23	8 39	8 9	7 29	7 1	6 40	6 21	6 3	5 46	5 28	5 7	4 41	4 4
,, 20	8 21	9 27	8 43	8 12	7 31	7 3	6 42	6 22	6 5	5 47	5 29	5 8	4 41	4 3
,, 27	8 22	9 27	8 43	8 13	7 33	7 5	6 43	6 24	6 7	5 49	5 31	5 10	4 43	4 6
July 4	8 19	9 23	8 41	8 12	7 32	7 5	6 43	6 25	6 8	5 51	5 33	5 12	4 46	4 10
,, 11	8 15	9 15	8 35	8 7	7 30	7 4	6 43	6 26	6 9	5 52	5 35	5 15	4 51	4 16
,, 18	8 9	9 3	8 27	8 1	7 26	7 1	6 42	6 25	6 10	5 54	5 38	5 19	4 56	4 23
,, 25	8 0	8 49	8 16	7 54	7 21	6 58	6 40	6 24	6 10	5 56	5 40	5 23	5 1	4 31
Aug. 1	7 49	8 32	8 4	7 44	7 15	6 54	6 37	6 23	6 10	5 57	5 42	5 27	5 8	4 40
,, 8	7 37	8 14	7 50	7 33	7 7	6 48	6 34	6 21	6 9	5 58	5 45	5 31	5 14	4 50
,, 15	7 24	7 55	7 35	7 20	6 58	6 42	6 29	6 18	6 8	5 58	5 47	5 35	5 20	5 0
,, 22	7 10	7 35	7 19	7 6	6 48	6 35	6 24	6 15	6 6	5 58	5 49	5 39	5 27	5 10
,, 29	6 54	7 15	7 2	6 52	6 37	6 27	6 19	6 11	6 4	5 58	5 51	5 43	5 33	5 21
Sept. 5	6 39	6 54	6 45	6 37	6 26	6 19	6 13	6 7	6 2	5 57	5 52	5 47	5 40	5 31
,, 12	6 23	6 33	6 27	6 22	6 15	6 10	6 6	6 3	6 0	5 57	5 54	5 50	5 47	5 41
,, 19	6 7	6 11	6 9	6 6	6 4	6 1	6 0	5 59	5 57	5 56	5 55	5 54	5 53	5 52
,, 26	5 51	5 50	5 51	5 51	5 52	5 53	5 53	5 54	5 55	5 56	5 57	5 58	6 0	6 2
Oct. 3	5 35	5 29	5 33	5 36	5 40	5 44	5 47	5 50	5 53	5 55	5 58	6 2	6 7	6 13
,, 10	5 19	5 8	5 15	5 21	5 29	5 36	5 41	5 46	5 51	5 55	6 1	6 6	6 14	6 24
,, 17	5 4	4 48	4 58	5 6	5 19	5 28	5 36	5 42	5 49	5 55	6 3	6 11	6 21	6 35
,, 24	4 50	4 28	4 42	4 53	5 9	5 21	5 31	5 39	5 48	5 56	6 5	6 16	6 29	6 47
,, 31	4 36	4 9	4 26	4 40	5 0	5 15	5 27	5 37	5 47	5 58	6 8	6 21	6 37	6 59
Nov. 7	4 24	3 51	4 12	4 28	4 52	5 9	5 23	5 36	5 47	5 59	6 12	6 26	6 45	7 11
,, 14	4 13	3 35	4 0	4 18	4 45	5 5	5 21	5 35	5 48	6 1	6 16	6 32	6 53	7 23
,, 21	4 4	3 20	3 49	4 10	4 40	5 2	5 19	5 35	5 49	6 4	6 20	6 38	7 1	7 34
,, 28	3 57	3 8	3 40	4 4	4 37	5 0	5 19	5 36	5 51	6 7	6 24	6 44	7 9	7 45
Dec. 5	3 53	2 59	3 34	4 0	4 35	5 0	5 20	5 37	5 54	6 11	6 29	6 50	7 16	7 54
,, 12	3 51	2 54	3 32	3 58	4 35	5 1	5 22	5 40	5 57	6 14	6 33	6 55	7 22	8 2
,, 19	3 52	2 53	3 32	3 59	4 37	5 3	5 25	5 43	6 1	6 18	6 37	6 59	7 27	8 8
,, 26	3 55	2 57	3 36	4 3	4 41	5 7	5 28	5 47	6 4	6 22	6 40	7 2	7 30	8 11
1972														
Jan. 2	4 2	3 5	3 43	4 9	4 46	5 12	5 32	5 50	6 7	6 25	6 43	7 5	7 32	8 12

Example:—To find the time of Sunset in Canberra (Latitude 35°.3S.) on Thursday, August 5th, 1971. On August 1st, L.M.T. = 5h. 27m.—$\frac{5 \cdot 3}{10} \times 19$m = 5h. 17m., on August 8th, L.M.T. = 5h. 31m.—$\frac{5 \cdot 3}{10} \times 17$m. = 5h. 22m., therefore L.M.T. on August 5th = 5h. 17m. + $\frac{3}{7} \times 5$m. = 5h. 20m. P.M.

TABLES OF HOUSES FOR LONDON, Latitude 51° 32′ N.

Sidereal Time H.M.S.	10 ♈	11 ♉	12 ♊	Ascen ♋	2 ♌	3 ♍
0 0 0	0	9	22	26 36	12	3
0 3 40	1	10	23	27 17	13	3
0 7 20	2	11	24	27 56	14	4
0 11 0	3	12	25	28 42	15	5
0 14 41	4	13	25	29 17	15	6
0 18 21	5	14	26	29 55	16	7
0 22 2	6	15	27	0♋34	17	8
0 25 42	7	16	28	1 14	18	8
0 29 23	8	17	29	1 55	18	9
0 33 4	9	18	♋	2 33	19	10
0 36 45	10	19	1	3 14	20	11
0 40 26	11	20	1	3 54	20	12
0 44 8	12	21	2	4 33	21	13
0 47 50	13	22	3	5 12	22	14
0 51 32	14	23	4	5 52	23	15
0 55 14	15	24	5	6 30	23	15
0 58 57	16	25	6	7 9	24	16
1 2 40	17	26	6	7 50	25	17
1 6 23	18	27	7	8 30	26	18
1 10 7	19	28	8	9 9	26	19
1 13 51	20	29	9	9 48	27	19
1 17 35	21	♊	10	10 28	28	20
1 21 20	22	1	10	11 8	28	21
1 25 6	23	2	11	11 48	29	22
1 28 52	24	3	12	12 28	♍	23
1 32 38	25	4	13	13 8	1	24
1 36 25	26	5	14	13 48	1	25
1 40 12	27	6	14	14 28	2	25
1 44 0	28	7	15	15 8	3	26
1 47 48	29	8	16	15 48	4	27
1 51 37	30	9	17	16 28	4	28

Sidereal Time H.M.S.	10 ♉	11 ♊	12 ♋	Ascen ♌	2 ♍	3 ♍
1 51 37	0	9	17	16 28	4	28
1 55 27	1	10	18	17 8	5	29
1 59 17	2	11	19	17 48	6	♎
2 3 8	3	12	19	18 28	7	1
2 6 59	4	13	20	19 9	8	2
2 10 51	5	14	21	19 49	9	2
2 14 44	6	15	22	20 29	9	3
2 18 37	7	16	22	21 10	10	4
2 22 31	8	17	23	21 51	11	5
2 26 25	9	18	24	22 32	11	6
2 30 20	10	19	25	23 14	12	7
2 34 16	11	20	25	23 55	13	8
2 38 13	12	21	26	24 36	14	9
2 42 10	13	22	27	25 17	15	10
2 46 8	14	23	28	25 58	15	11
2 50 7	15	24	29	26 40	16	12
2 54 7	16	25	29	27 22	17	12
2 58 7	17	26	♌	28 4	18	13
3 2 8	18	27	1	28 46	18	14
3 6 9	19	27	2	29 28	19	15
3 10 12	20	28	3	0♍10	20	16
3 14 15	21	29	3	0 54	21	17
3 18 19	22	♋	4	1 36	22	18
3 22 23	23	1	5	2 20	22	19
3 26 29	24	2	6	3 2	23	20
3 30 35	25	3	7	3 45	24	21
3 34 41	26	4	7	4 28	25	22
3 38 49	27	5	8	5 11	26	23
3 42 57	28	6	9	5 54	27	24
3 47 6	29	7	10	6 38	27	25
3 51 15	30	8	11	7 21	28	25

Sidereal Time H.M.S.	10 ♊	11 ♋	12 ♌	Ascen ♍	2 ♍	3 ♎
3 51 15	0	8	11	7 21	28	25
3 55 25	1	9	12	8 5	29	26
3 59 36	2	10	12	8 49	♎	27
4 3 48	3	10	13	9 33	1	28
4 8 0	4	11	14	10 17	2	29
4 12 13	5	12	15	11 2	2	♏
4 16 26	6	13	16	11 46	3	1
4 20 40	7	14	17	12 30	4	2
4 24 55	8	15	17	13 15	5	3
4 29 10	9	16	18	14 0	6	4
4 33 26	10	17	19	14 45	7	5
4 37 42	11	18	20	15 30	8	6
4 41 59	12	19	21	16 15	8	7
4 46 16	13	20	21	17 0	9	8
4 50 34	14	21	22	17 45	10	9
4 54 52	15	22	23	18 30	11	10
4 59 10	16	23	24	19 16	12	11
5 3 29	17	24	25	20 3	13	12
5 7 49	18	25	26	20 49	14	13
5 12 9	19	25	27	21 35	14	14
5 16 29	20	26	28	22 20	15	14
5 20 49	21	27	28	23 6	16	15
5 25 9	22	28	29	23 51	17	16
5 29 30	23	29	♍	24 37	18	17
5 33 51	24	♌	1	25 23	19	18
5 38 12	25	1	2	26 9	20	19
5 42 34	26	2	3	26 55	21	20
5 46 55	27	3	4	27 41	21	21
5 51 17	28	4	4	28 27	22	22
5 55 38	29	5	5	29 13	23	23
6 0 0	30	6	6	30 0	24	24

Sidereal Time H.M.S.	10 ♋	11 ♌	12 ♍	Ascen ♎	2 ♎	3 ♏
6 0 0	0	6	6	0 0	24	24
6 4 22	1	7	7	0 47	25	25
6 8 43	2	8	8	1 33	26	26
6 13 5	3	9	9	2 19	27	27
6 17 26	4	10	10	3 5	27	28
6 21 48	5	11	10	3 51	28	29
6 26 9	6	12	11	4 37	29	♐
6 30 30	7	13	12	5 23	♏	1
6 34 51	8	14	13	6 9	1	2
6 39 11	9	15	14	6 55	2	3
6 43 31	10	16	15	7 40	2	4
6 47 51	11	16	16	8 26	3	4
6 52 11	12	17	16	9 12	4	5
6 56 31	13	18	17	9 58	5	6
7 0 50	14	19	18	10 43	6	7
7 5 8	15	20	19	11 28	7	8
7 9 26	16	21	20	12 14	8	9
7 13 44	17	22	21	12 59	8	10
7 18 1	18	23	22	13 45	9	11
7 22 18	19	24	23	14 30	10	12
7 26 34	20	25	24	15 15	11	13
7 30 50	21	26	25	16 0	12	14
7 35 5	22	27	25	16 45	13	15
7 39 20	23	28	26	17 30	13	16
7 43 34	24	29	27	18 14	14	17
7 47 47	25	♍	28	18 59	15	18
7 52 0	26	1	29	19 43	16	19
7 56 12	27	2	29	20 27	17	20
8 0 24	28	3	♎	21 11	18	20
8 4 35	29	4	1	21 56	18	21
8 8 45	30	5	2	22 40	19	22

Sidereal Time H.M.S.	10 ♌	11 ♍	12 ♎	Ascen ♎	2 ♏	3 ♐
8 8 45	0	5	2	22 40	19	22
8 12 54	1	5	3	23 24	20	23
8 17 3	2	6	3	24 7	21	24
8 21 11	3	7	4	24 50	22	25
8 25 19	4	8	5	25 34	23	26
8 29 26	5	9	6	26 18	23	27
8 33 31	6	10	7	27 1	24	28
8 37 37	7	11	8	27 44	25	29
8 41 41	8	12	8	28 26	26	♑
8 45 45	9	13	9	29 8	27	1
8 49 48	10	14	10	29 50	27	2
8 53 51	11	15	11	0♏32	28	3
8 57 52	12	16	12	1 15	29	4
9 1 53	13	17	12	1 58	♐	4
9 5 53	14	18	13	2 39	1	5
9 9 53	15	18	14	3 21	1	6
9 13 52	16	19	15	4 3	2	7
9 17 50	17	20	16	4 44	3	8
9 21 47	18	21	16	5 26	3	9
9 25 44	19	22	17	6 7	4	10
9 29 40	20	23	18	6 48	5	11
9 33 35	21	24	18	7 29	5	12
9 37 29	22	25	19	8 9	6	13
9 41 23	23	26	20	8 50	7	14
9 45 16	24	27	21	9 31	8	15
9 49 0	25	28	22	10 11	9	16
9 53 1	26	28	23	10 51	9	17
9 56 52	27	29	23	11 32	10	18
10 0 43	28	♎	24	12 12	11	19
10 4 33	29	1	25	12 53	12	20
10 8 23	30	2	26	13 33	13	20

Sidereal Time H.M.S.	10 ♍	11 ♎	12 ♎	Ascen ♏	2 ♐	3 ♑
10 8 23	0	2	26	13 33	13	20
10 12 12	1	3	26	14 13	14	21
10 16 0	2	4	27	14 53	15	22
10 19 48	3	5	28	15 33	15	23
10 23 35	4	5	29	16 13	16	24
10 27 22	5	6	29	16 52	17	25
10 31 8	6	7	♏	17 32	18	26
10 34 54	7	8	1	18 12	19	27
10 38 40	8	9	2	18 52	20	28
10 42 25	9	10	2	19 31	20	29
10 46 9	10	11	3	20 11	21	♒
10 49 53	11	11	4	20 50	22	1
10 53 37	12	12	4	21 30	23	2
10 57 20	13	13	5	22 9	24	3
11 1 3	14	14	6	22 48	24	4
11 4 46	15	15	7	23 28	25	5
11 8 28	16	16	7	24 8	26	6
11 12 10	17	17	8	24 48	27	7
11 15 52	18	18	9	25 27	28	8
11 19 34	19	18	10	26 6	29	9
11 23 15	20	19	10	26 45	♑	11
11 26 56	21	20	11	27 25	0	12
11 30 37	22	21	12	28 5	1	13
11 34 18	23	22	12	28 44	2	14
11 37 58	24	23	13	29 24	3	15
11 41 39	25	23	14	0♐3	4	16
11 45 19	26	24	15	0 43	5	17
11 49 0	27	25	15	1 23	6	18
11 52 40	28	26	16	2 3	6	19
11 56 20	29	27	17	2 43	7	20
12 0 0	30	27	17	3 23	8	21

TABLES OF HOUSES FOR LONDON, Latitude 51° 32′ N.

Sidereal Time 12h – 13h 51m (10th house in ♎)

Sidereal Time H. M. S.	10 ♎	11 ♎	12 ♏	Ascen ♐ °	′	2 ♑	3 ♒
12 0 0	0	27	17	3	23	8	21
12 3 40	1	28	18	4	4	9	23
12 7 20	2	29	19	4	45	10	24
12 11 0	3	♏	20	5	26	11	25
12 14 41	4	1	20	6	7	12	26
12 18 21	5	1	21	6	48	13	27
12 22 2	6	2	22	7	29	14	28
12 25 42	7	3	23	8	10	15	29
12 29 23	8	4	23	8	51	16	♓
12 33 4	9	5	24	9	33	17	2
12 36 45	10	6	25	10	15	18	3
12 40 26	11	6	25	10	57	19	4
12 44 8	12	7	26	11	40	20	5
12 47 50	13	8	27	12	22	21	6
12 51 32	14	9	28	13	4	22	7
12 55 14	15	10	28	13	47	23	9
12 58 57	16	11	29	14	30	24	10
13 2 40	17	11	♐	15	14	25	11
13 6 23	18	12	1	15	59	26	12
13 10 7	19	13	1	16	44	27	13
13 13 51	20	14	2	17	29	28	15
13 17 35	21	15	3	18	14	29	16
13 21 20	22	16	4	19	0	♒	17
13 25 6	23	16	4	19	45	1	18
13 28 52	24	17	5	20	31	2	20
13 32 38	25	18	6	21	18	4	21
13 36 25	26	19	7	22	6	5	22
13 40 12	27	20	7	22	54	6	23
13 44 0	28	21	8	23	42	7	25
13 47 48	29	21	9	24	31	8	26
13 51 37	30	22	10	25	20	10	27

Sidereal Time 13h 51m – 15h 51m (10th house in ♏)

Sidereal Time H. M. S.	10 ♏	11 ♏	12 ♐	Ascen ♐–♑ °	′	2 ♒	3 ♓
13 51 37	0	22	10	25	20	10	27
13 55 27	1	23	11	26	10	11	28
13 59 17	2	24	11	27	2	12	♈
14 3 8	3	25	12	27	53	14	1
14 7 0	4	26	13	28	45	15	2
14 10 51	5	26	14	29	36	16	4
14 14 44	6	27	15	0♑	29	18	5
14 18 37	7	28	15	1	23	19	6
14 22 31	8	29	16	2	18	20	8
14 26 25	9	♐	17	3	14	22	9
14 30 20	10	1	18	4	11	23	10
14 34 16	11	2	19	5	9	25	11
14 38 13	12	3	20	6	7	26	13
14 42 10	13	3	20	7	6	28	14
14 46 8	14	4	21	8	6	29	15
14 50 7	15	5	22	9	8	♈	17
14 54 7	16	6	23	10	11	2	18
14 58 7	17	7	24	11	15	4	19
15 2 8	18	8	25	12	20	6	21
15 6 9	19	9	26	13	27	8	22
15 10 12	20	10	27	14	35	9	23
15 14 15	21	11	27	15	43	11	24
15 18 19	22	12	28	16	52	13	26
15 22 23	23	13	29	18	3	14	27
15 26 29	24	14	♑	19	16	16	28
15 30 35	25	15	1	20	32	17	29
15 34 41	26	16	2	21	48	19	♉
15 38 49	27	17	3	23	8	21	2
15 42 57	28	18	4	24	29	22	3
15 47 6	29	18	5	25	51	24	5
15 51 15	30	19	6	27	15	26	6

Sidereal Time 15h 51m – 18h 00m (10th house in ♐)

Sidereal Time H. M. S.	10 ♐	11 ♑	12 ♒	Ascen ♒–♓ °	′	2 ♈	3 ♊
15 51 15	0	18	6	27	15	26	6
15 55 25	1	19	7	28	42	28	7
15 59 36	2	20	8	0♒	11	♈	9
16 3 48	3	21	9	1	42	2	10
16 8 0	4	22	10	3	16	3	11
16 12 13	5	23	11	5	23	5	12
16 16 26	6	24	13	6	27	7	13
16 20 40	7	25	14	8	0	8	14
16 24 55	8	26	15	9	36	10	16
16 29 10	9	27	16	11	16	11	17
16 33 26	10	28	17	12	58	13	18
16 37 42	11	29	18	14	42	15	20
16 41 59	12	♒	19	16	41	17	21
16 46 16	13	1	20	18	29	18	22
16 50 34	14	2	21	20	21	20	23
16 54 52	15	3	22	22	15	21	25
16 59 10	16	4	23	24	10	23	26
17 3 29	17	5	25	26	20	25	27
17 7 49	18	6	26	28	49	26	28
17 12 9	19	7	27	0♓	34	28	♊
17 16 29	20	8	28	2	29	0	1
17 20 49	21	9	♓	4	49	2	3
17 25 9	22	10	1	7	15	3	4
17 29 30	23	11	2	9	29	5	5
17 33 51	24	13	3	11	54	7	7
17 38 12	25	14	4	14	14	8	8
17 42 34	26	15	6	16	55	10	9
17 46 55	27	16	7	19	17	11	11
17 51 17	28	17	8	21	16	13	12
17 55 38	29	18	10	23	0	14	13
18 0 0	30	18	11	25	0	17	11

Sidereal Time 18h 00m – 20h 09m (10th house in ♑)

Sidereal Time H. M. S.	10 ♑	11 ♒	12 ♈	Ascen ♈ °	′	2 ♉	3 ♊
18 0 0	0	18	13	0	17	17	11
18 4 22	1	20	14	2	39	19	13
18 8 43	2	21	16	4	45	20	14
18 13 5	3	22	17	7	3	21	15
18 17 26	4	23	19	9	3	23	17
18 21 48	5	24	20	11	21	24	18
18 26 9	6	25	22	13	29	25	19
18 30 30	7	26	23	15	37	27	20
18 34 51	8	27	25	17	41	28	22
18 39 11	9	29	26	19	6	♊	23
18 43 31	10	♓	28	22	46	1	24
18 47 51	11	1	♈	24	53	3	13
18 52 11	12	2	2	26	59	4	14
18 56 31	13	3	2	8	13	5	15
19 0 50	14	5	4	5	25	6	16
19 5 8	15	6	6	7	6	8	17
19 9 26	16	8	10	40	29	9	18
19 13 44	17	8	10	40	21	10	19
19 18 1	18	9	12	12	47	18	20
19 22 18	19	11	14	21	25	19	22
19 26 34	20	12	16	29	♉	20	23
19 30 50	21	13	18	33	35	22	24
19 35 5	22	14	19	21	29	23	25
19 39 20	23	15	21	41	23	24	26
19 43 34	24	16	23	18	45	25	28
19 47 47	25	18	25	9	9	26	♋
19 52 0	26	19	27	53	28	28	1
19 56 12	27	20	28	57	29	♊	2
20 0 24	28	21	♉	0	43	1	3
20 4 35	29	23	2	4	33	2	4
20 8 45	30	24	4	2	45	24	12

Sidereal Time 20h 09m – 22h 08m (10th house in ♒)

Sidereal Time H. M. S.	10 ♒	11 ♓	12 ♉	Ascen ♉ °	′	2 ♊	3 ♋
20 8 45	0	24	4	2	45	24	12
20 12 54	1	25	6	4	21	25	13
20 17 3	2	27	7	6	23	26	14
20 21 11	3	28	9	7	24	27	15
20 25 19	4	29	11	9	28	29	16
20 29 26	5	♈	13	10	33	0♋	17
20 33 31	6	2	14	12	37	1	18
20 37 37	7	3	16	14	41	2	19
20 41 41	8	4	18	16	41	3	20
20 45 45	9	6	19	18	45	5	22
20 49 48	10	7	21	20	49	6	23
20 53 51	11	8	23	22	49	7	24
20 57 52	12	9	25	24	53	8	25
21 1 53	13	11	26	26	54	9	26
21 5 53	14	12	28	28	54	11	27
21 9 53	15	13	♊	0♋	56	12	28
21 13 52	16	15	2	2	53	13	29
21 17 50	17	16	4	4	49	14	♌
21 21 47	18	17	5	6	45	15	1
21 25 44	19	19	7	8	34	17	2
21 29 40	20	20	9	10	20	18	3
21 33 35	21	21	11	12	3	19	4
21 37 29	22	23	12	14	4	20	5
21 41 23	23	24	14	15	41	21	6
21 45 16	24	26	16	18	4	23	8
21 49 9	25	27	18	22	12	24	9
21 53 1	26	28	20	26	15	25	11
21 56 52	27	♉	21	7	18	26	12
22 0 43	28	2	23	19	48	27	13
22 4 33	29	3	25	8	20	29	15
22 8 23	30	4	38	20	8	0	16

Sidereal Time 22h 08m – 24h 00m (10th house in ♓)

Sidereal Time H. M. S.	10 ♓	11 ♈	12 ♉	Ascen ♊ °	′	2 ♋	3 ♌
22 8 23	0	3	20	4	38	20	8
22 12 12	1	4	21	5	28	21	9
22 16 0	2	6	23	6	23	22	9
22 19 48	3	7	24	7	24	23	10
22 23 35	4	8	25	8	25	23	11
22 27 22	5	9	13	9	20	24	12
22 31 8	6	11	28	10	15	25	13
22 34 54	7	12	29	11	8	26	13
22 38 40	8	13	♊	12	2	27	14
22 42 25	9	14	1	12	55	28	15
22 46 9	10	16	2	13	48	29	16
22 49 53	11	17	3	14	41	♌	17
22 53 37	12	18	5	15	35	1	17
22 57 20	13	19	6	16	28	2	18
23 1 3	14	21	7	17	13	3	19
23 4 46	15	22	8	18	5	4	20
23 8 28	16	23	10	18	58	5	21
23 12 10	17	24	11	19	49	6	22
23 15 52	18	25	12	20	40	7	22
23 19 34	19	27	13	21	30	8	23
23 23 15	20	28	15	22	21	9	24
23 26 56	21	29	16	23	11	10	25
23 30 37	22	♊	17	24	2	11	26
23 34 18	23	2	18	24	52	12	26
23 37 58	24	3	20	25	42	13	27
23 41 39	25	4	21	26	31	13	28
23 45 19	26	5	22	27	21	14	29
23 49 0	27	6	23	28	10	15	♍
23 52 40	28	8	25	29	0	16	1
23 56 20	29	9	26	29	49	17	2
24 0 0	30	9	22	26	36	13	3

TABLES OF HOUSES FOR LIVERPOOL, Latitude 53° 25′ N.

Upper section

Sidereal Time H. M. S.	10 ♈	11 ♉	12 Ⅱ	Ascen ♋ ° ′	2 ♌	3 ♍
0 0 0	0	9	24	28 12	14	3
0 3 40	1	10	25	28 51	14	4
0 7 20	2	12	25	29 30	15	4
0 11 0	3	13	26	0 ♌ 9	16	5
0 14 41	4	14	27	0 48	17	6
0 18 21	5	15	28	1 27	17	7
0 22 2	6	16	29	2 6	18	8
0 25 42	7	17	♋	2 44	19	9
0 29 23	8	18	1	3 22	19	10
0 33 4	9	19	1	4 1	20	10
0 36 45	10	20	2	4 39	21	11
0 40 26	11	21	3	5 18	22	12
0 44 8	12	22	4	5 56	22	13
0 47 50	13	23	5	6 34	23	14
0 51 32	14	24	6	7 13	24	14
0 55 14	15	25	6	7 51	24	15
0 58 57	16	26	7	8 30	25	16
1 2 40	17	27	8	9 8	26	17
1 6 23	18	28	9	9 47	26	18
1 10 7	19	29	10	10 25	27	19
1 13 51	20	Ⅱ	11	11 4	28	19
1 17 35	21	1	11	11 43	28	20
1 21 20	22	2	12	12 21	29	21
1 25 6	23	3	13	13 0	0 ♍	22
1 28 52	24	4	14	13 39	1	23
1 32 38	25	5	15	14 17	1	24
1 36 25	26	6	15	14 56	2	25
1 40 12	27	7	16	15 35	3	25
1 44 0	28	8	17	16 14	3	26
1 47 48	29	9	18	16 53	4	27
1 51 37	30	10	18	17 32	5	28

Sidereal Time H. M. S.	10 ♉	11 Ⅱ	12 ♋	Ascen ♌ ° ′	2 ♍	3 ♍
1 51 37	0	10	18	17 32	5	28
1 55 27	1	11	19	18 11	6	29
1 59 17	2	12	20	18 51	6	♎
2 3 8	3	13	21	19 30	7	1
2 6 59	4	14	22	20 9	8	2
2 10 51	5	15	22	20 49	9	2
2 14 44	6	16	23	21 28	9	3
2 18 37	7	17	24	22 8	10	4
2 22 31	8	18	25	22 48	11	5
2 26 25	9	19	25	23 28	12	6
2 30 20	10	20	26	24 8	12	7
2 34 16	11	21	27	24 48	13	8
2 38 13	12	22	28	25 28	14	9
2 42 10	13	23	29	26 8	15	10
2 46 8	14	24	29	26 49	16	11
2 50 7	15	25	♌	27 29	16	11
2 54 7	16	26	1	28 10	17	12
2 58 7	17	27	2	28 51	18	13
3 2 8	18	28	2	29 32	19	14
3 6 9	19	29	3	0 ♍ 13	19	15
3 10 12	20	29	4	0 54	20	16
3 14 15	21	♋	5	1 36	21	17
3 18 19	22	1	5	2 17	22	18
3 22 23	23	2	6	2 59	23	19
3 26 29	24	3	7	3 41	23	20
3 30 35	25	4	8	4 23	24	21
3 34 41	26	5	9	5 5	25	22
3 38 49	27	6	10	5 47	26	22
3 42 57	28	7	10	6 29	27	23
3 47 6	29	8	11	7 12	27	24
3 51 15	30	9	12	7 55	28	25

Sidereal Time H. M. S.	10 Ⅱ	11 ♋	12 ♌	Ascen ♍ ° ′	2 ♎	3 ♏
3 51 15	0	9	12	7 55	28	25
3 55 25	1	10	13	8 37	29	26
3 59 36	2	11	13	9 20	♎	27
4 3 48	3	12	14	10 3	1	28
4 8 0	4	12	15	10 45	2	29
4 12 13	5	13	16	11 30	2	♏
4 16 26	6	14	17	12 13	3	1
4 20 40	7	15	18	12 56	4	2
4 24 55	8	16	18	13 40	5	3
4 29 10	9	17	19	14 24	6	4
4 33 26	10	18	20	15 8	7	5
4 37 42	11	19	21	15 52	7	6
4 41 59	12	20	22	16 37	8	6
4 46 16	13	21	22	17 21	9	7
4 50 34	14	22	23	18 6	10	8
4 54 52	15	23	24	18 51	11	9
4 59 10	16	24	25	19 36	12	10
5 3 29	17	24	26	20 21	13	11
5 7 49	18	25	26	21 6	14	12
5 12 9	19	26	27	21 51	14	13
5 16 29	20	27	28	22 37	15	14
5 20 49	21	28	29	23 22	16	15
5 25 9	22	29	♌	24 8	17	16
5 29 30	23	♌	1	24 54	18	17
5 33 51	24	1	1	25 40	19	18
5 38 12	25	2	2	26 25	19	19
5 42 34	26	3	4	27 11	20	20
5 46 55	27	4	4	27 57	21	21
5 51 17	28	5	5	28 43	22	22
5 55 38	29	6	6	29 30	23	23
6 0 0	30	7	7	0 ♎ 0	23	23

Sidereal Time H. M. S.	10 ♋	11 ♌	12 ♍	Ascen ♎ ° ′	2 ♎	3 ♏
6 0 0	0	7	7	0 0	23	23
6 4 22	1	8	7	0 45	24	24
6 8 43	2	9	8	1 30	25	26
6 13 5	3	9	9	2 15	26	26
6 17 26	4	10	10	3 0	27	27
6 21 48	5	11	11	3 45	28	28
6 26 9	6	12	12	4 30	29	29
6 30 30	7	13	12	5 15	29	♐
6 34 51	8	14	13	6 0	♏	1
6 39 11	9	15	14	6 44	1	2
6 43 31	10	16	15	7 29	2	3
6 47 51	11	17	16	8 14	3	4
6 52 11	12	18	17	8 59	4	5
6 56 31	13	19	18	9 43	4	6
7 0 50	14	20	18	10 27	5	6
7 5 8	15	21	19	11 11	6	7
7 9 26	16	22	20	11 56	7	8
7 13 44	17	23	21	12 40	8	9
7 18 1	18	24	22	13 24	8	10
7 22 18	19	24	23	14 9	9	11
7 26 34	20	25	23	14 52	10	12
7 30 50	21	26	24	15 36	11	13
7 35 5	22	27	25	16 20	12	14
7 39 20	23	28	26	17 4	13	14
7 43 34	24	29	27	17 47	13	16
7 47 47	25	♍	28	18 30	14	17
7 52 0	26	1	28	19 15	15	18
7 56 12	27	2	29	19 57	16	18
8 0 24	28	3	♎	20 40	17	19
8 4 35	29	4	1	21 23	17	20
8 8 45	30	5	2	22 5	18	21

Sidereal Time H. M. S.	10 ♌	11 ♍	12 ♎	Ascen ♎ ° ′	2 ♏	3 ♐
8 8 45	0	5	2	22 5	18	21
8 12 54	1	6	2	22 48	19	22
8 17 3	2	7	3	23 30	20	23
8 21 11	3	8	4	24 13	20	24
8 25 19	4	8	5	24 55	21	25
8 29 26	5	9	6	25 37	22	25
8 33 31	6	10	7	26 19	23	26
8 37 37	7	11	7	27 1	24	27
8 41 41	8	12	8	27 43	25	28
8 45 45	9	13	9	28 25	26	29
8 49 48	10	14	10	29 6	26	♑
8 53 51	11	15	11	0 ♏ 28	27	1
8 57 52	12	16	11	1 9	28	2
9 1 53	13	17	12	1 50	29	3
9 5 53	14	18	13	2 31	♐	4
9 9 53	15	19	14	3 11	1	5
9 13 52	16	19	15	3 52	1	6
9 17 50	17	20	15	4 32	2	7
9 21 47	18	21	16	5 12	3	8
9 25 44	19	22	17	5 53	4	9
9 29 40	20	23	18	6 32	5	10
9 33 35	21	24	18	7 12	6	11
9 37 29	22	25	19	7 52	7	12
9 41 23	23	26	20	8 32	7	13
9 45 16	24	27	21	9 11	8	14
9 49 9	25	27	21	9 49	9	15
9 53 1	26	28	22	10 28	10	16
9 56 52	27	29	23	11 7	10	17
10 0 43	28	♎	24	11 47	11	18
10 4 33	29	1	24	12 7	11	19
10 8 23	30	2	25	12 28	12	19

Sidereal Time H. M. S.	10 ♍	11 ♎	12 ♎	Ascen ♏ ° ′	2 ♐	3 ♑
10 8 23	0	2	25	12 28	11	19
10 12 12	1	3	26	13 12	12	20
10 16 0	2	4	27	13 56	13	21
10 19 48	3	4	27	14 39	14	22
10 23 35	4	5	28	15 23	14	23
10 27 22	5	6	29	16 6	15	24
10 31 8	6	7	29	16 50	16	25
10 34 54	7	8	♏	17 34	17	26
10 38 40	8	9	1	18 17	17	27
10 42 25	9	10	2	19 1	18	28
10 46 9	10	10	2	19 44	19	29
10 49 53	11	11	3	20 27	20	♒
10 53 37	12	12	4	21 12	20	2
10 57 20	13	13	4	21 54	21	3
11 1 3	14	14	5	22 37	22	4
11 4 46	15	15	6	23 20	23	5
11 8 28	16	15	7	24 4	24	6
11 12 10	17	16	7	24 47	25	7
11 15 52	18	17	8	25 30	25	8
11 19 34	19	18	9	26 14	26	9
11 23 15	20	19	9	26 56	27	10
11 26 56	21	19	10	27 40	28	11
11 30 37	22	20	11	28 24	29	12
11 34 18	23	21	11	29 7	♑	13
11 37 58	24	22	12	29 50	1	14
11 41 39	25	23	13	0 ♐ 33	2	15
11 45 19	26	23	14	1 17	3	16
11 49 0	27	24	14	2 0	4	17
11 52 40	28	25	15	2 43	5	18
11 56 20	29	26	16	3 26	6	20
12 0 0	30	27	16	1 48	6	21

TABLES OF HOUSES FOR LIVERPOOL, Latitude 53° 25′ N.

Sidereal Time 12h – 13h (10 ♎ | 11 ♎ | 12 ♏ | Ascen ♐ | 2 ♑ | 3 ♒)

Sidereal Time	10	11	12	Ascen	2	3
12 0 0	0	27	16	1 48	6	21
12 3 40	1	28	17	2 27	7	22
12 7 20	2	29	18	3 6	8	23
12 11 0	3	♏	18	3 46	9	24
12 14 41	4	0	19	4 25	10	25
12 18 21	5	1	20	5 6	10	26
12 22 2	6	2	21	5 46	11	28
12 25 42	7	3	21	6 26	12	29
12 29 23	8	4	22	7 6	13	♓
12 33 4	9	4	23	7 46	14	1
12 36 45	10	5	24	8 27	15	2
12 40 26	11	6	24	9 8	16	3
12 44 8	12	7	25	9 49	17	5
12 47 50	13	8	26	10 30	18	6
12 51 32	14	9	26	11 12	19	7
12 55 14	15	9	27	11 54	20	8
12 58 57	16	10	28	12 36	21	10
13 2 40	17	11	28	13 19	22	11
13 6 23	18	12	29	14 2	23	12
13 10 7	19	13	♐	14 45	25	13
13 13 51	20	13	1	15 28	26	15
13 17 35	21	14	1	16 12	27	16
13 21 20	22	15	2	16 56	28	17
13 25 6	23	16	3	17 41	29	18
13 28 52	24	17	4	18 26	♒	19
13 32 38	25	17	4	19 11	1	21
13 36 25	26	18	5	19 57	3	22
13 40 12	27	19	6	20 44	4	23
13 44 0	28	20	7	21 31	5	24
13 47 48	29	21	7	22 18	6	25
13 51 37	30	21	8	23 6	8	27

Sidereal Time 13h – 15h (10 ♏ | 11 ♏ | 12 ♐ | Ascen ♐ | 2 ♒ | 3 ♓)

Sidereal Time	10	11	12	Ascen	2	3
13 51 37	0	21	8	23 6	8	27
13 55 27	1	22	9	23 55	9	28
13 59 17	2	23	10	24 43	10	♈
14 3 8	3	24	10	25 33	12	1
14 6 59	4	25	11	26 23	13	2
14 10 51	5	26	12	27 14	15	4
14 14 44	6	26	13	28 6	16	5
14 18 37	7	27	13	28 59	18	6
14 22 31	8	28	14	29 52	19	8
14 26 25	9	29	15	0 ♑ 46	20	9
14 30 20	10	♐	16	1 41	22	10
14 34 16	11	1	17	2 36	23	11
14 38 13	12	2	18	3 33	25	13
14 42 10	13	2	18	4 30	26	14
14 46 8	14	3	19	5 29	27	15
14 50 0	15	4	20	6 29	♓	16
14 54 7	16	4	21	7 16	1	17
14 58 7	17	5	21	8 14	3	19
15 2 12	18	6	22	9 15	4	20
15 6 9	19	7	23	10 16	6	22
15 10 12	20	8	24	11 18	8	23
15 14 15	21	9	27	12 27	15	20
15 18 19	22	10	28	14 54	16	21
15 23 18	23	11	29	18 58	18	22
15 27 22	24	12	14	22 49	19	23
15 31 30	25	13	15	26 25	20	24
15 35 27	26	14	16	29 46	22	25
15 39 36	27	15	18	3 33	23	26
15 43 37	28	17	19	6 22	24	27
15 47 45	29	18	21	9 10	26	28
15 51 15	30	19	23	12 13	9	♒

Sidereal Time 15h – 18h (10 ♐ | 11 ♐ | 12 ♑ | Ascen ♑ | 2 ♓ | 3 ♈)

Sidereal Time	10	11	12	Ascen	2	3
15 51 15	0	17	4	24 15	26	7
15 55 25	1	18	5	25 41	28	8
15 59 36	2	19	6	27 10	♈	9
16 3 48	3	20	7	28 41	2	10
16 8 0	4	21	8	0 ♒ 14	4	12
16 12 13	5	22	9	1 50	5	13
16 16 26	6	23	10	3 30	7	14
16 20 40	7	24	11	5 13	9	15
16 24 55	8	25	12	6 58	11	17
16 29 10	9	26	13	8 46	13	18
16 33 26	10	27	14	10 38	15	19
16 37 42	11	28	15	12 32	17	20
16 41 59	12	29	16	14 33	19	22
16 46 16	13	♑	18	16 33	20	23
16 50 34	14	1	19	18 22	24	24
16 54 52	15	2	20	20 20	26	26
16 59 10	16	3	21	22 23	28	27
17 3 29	17	4	22	24 31	♉	29
17 7 49	18	5	23	26 41	2	♉
17 12 9	19	6	25	28 55	4	2
17 16 29	20	7	26	1 ♓ 13	6	3
17 20 49	21	8	28	3 28	8	5
17 25 9	22	9	29	5 45	9	6
17 29 30	23	10	♒	8 2	11	7
17 33 51	24	12	2	10 19	13	8
17 38 12	25	12	3	12 35	15	10
17 42 34	26	13	5	14 49	16	11
17 46 55	27	14	6	17 12	18	12
17 51 17	28	15	7	19 28	19	13
17 55 38	29	16	9	21 35	21	14
18 0 0	30	17	11	0 19	13	30

Sidereal Time 18h – 20h (10 ♑ | 11 ♑ | 12 ♒ | Ascen ♈ | 2 ♉ | 3 ♊)

Sidereal Time	10	11	12	Ascen	2	3
18 0 0	0	17	11	0 19	13	20
18 4 22	1	18	12	2 52	15	21
18 8 43	2	20	14	5 43	16	22
18 13 5	3	21	15	8 33	18	23
18 17 26	4	22	17	11 22	19	24
18 21 48	5	23	19	14 8	21	25
18 26 9	6	24	20	16 53	22	26
18 30 30	7	25	22	19 36	24	27
18 34 51	8	26	24	22 14	25	28
18 39 11	9	27	25	24 50	26	29
18 43 31	10	29	27	27 23	28	♋
18 47 51	11	♒	28	29 52	29	1
18 52 11	12	1	♓	2 18	♊	2
18 56 31	13	2	2	4 39	2	3
19 0 50	14	4	4	6 56	4	4
19 5 8	15	5	6	9 10	5	6
19 9 26	16	6	8	11 20	6	7
19 13 44	17	7	10	13 27	7	8
19 18 1	18	8	11	15 29	8	9
19 22 18	19	9	13	17 28	9	10
19 26 34	20	11	15	19 22	10	11
19 30 50	21	12	17	21 14	11	12
19 35 5	22	13	19	23 2	12	13
19 39 20	23	15	21	24 41	13	14
19 43 34	24	16	23	26 20	14	15
19 47 47	25	17	25	28 10	15	16
19 52 0	26	18	26	29 46	16	17
19 56 12	27	20	28	1 ♊ 19	17	18
20 0 24	28	21	♈	2 50	18	19
20 4 35	29	22	2	4 19	19	20
20 8 45	30	23	4	5 45	20	21

Sidereal Time 20h – 22h (10 ♒ | 11 ♒ | 12 ♈ | Ascen ♊ | 2 ♋ | 3 ♌)

Sidereal Time	10	11	12	Ascen	2	3
20 8 45	0	23	4	5 45	26	13
20 12 54	1	24	6	7 9	27	14
20 17 3	2	26	8	8 31	29	15
20 21 11	3	27	9	9 52	♌	16
20 25 19	4	29	11	11 11	1	17
20 29 26	5	♓	12	12 28	2	18
20 33 31	6	1	14	13 44	4	19
20 37 37	7	3	15	14 59	5	20
20 41 41	8	4	17	16 12	6	21
20 45 45	9	5	18	17 24	7	22
20 49 48	10	7	19	18 34	8	23
20 53 51	11	8	21	19 42	10	24
20 57 52	12	10	22	20 50	11	25
21 1 53	13	11	24	21 57	12	26
21 5 53	14	12	25	23 2	13	27
21 9 53	15	14	27	24 6	14	28
21 13 52	16	15	28	25 10	15	29
21 17 50	17	16	♉	26 13	16	♍
21 21 47	18	18	1	27 15	17	1
21 25 44	19	19	3	28 16	18	2
21 29 40	20	20	4	29 16	19	3
21 33 35	21	22	6	0 ♋ 16	20	4
21 37 29	22	23	7	1 15	21	5
21 41 23	23	25	9	2 13	22	6
21 45 16	24	26	10	3 11	23	7
21 49 9	25	28	12	4 8	24	8
21 53 1	26	29	13	5 4	25	9
21 56 52	27	♈	15	6 0	26	10
22 0 43	28	2	16	6 56	27	11
22 4 33	29	3	18	7 51	28	12
22 8 23	30	5	19	8 45	29	13

Sidereal Time 22h – 24h (10 ♓ | 11 ♈ | 12 ♊ | Ascen ♋ | 2 ♌ | 3 ♍)

Sidereal Time	10	11	12	Ascen	2	3
22 8 23	0	23	3	8 45	22	8
22 12 12	1	25	4	9 38	23	9
22 16 0	2	26	6	10 31	24	10
22 19 48	3	28	8	11 23	25	11
22 23 35	4	29	9	12 14	26	12
22 27 22	5	♉	10	13 5	27	12
22 31 8	6	2	12	13 56	28	13
22 34 54	7	4	13	14 46	29	14
22 38 40	8	5	14	15 36	♍	15
22 42 25	9	6	16	16 25	1	16
22 46 9	10	8	17	17 14	2	17
22 49 53	11	9	18	18 3	3	18
22 53 37	12	10	19	18 52	4	18
22 57 20	13	12	21	19 40	5	19
23 1 3	14	13	22	20 28	6	20
23 4 46	15	14	23	21 15	7	21
23 8 28	16	16	25	22 3	8	22
23 12 10	17	17	26	22 50	9	23
23 15 52	18	19	27	23 37	10	24
23 19 34	19	20	28	24 24	11	25
23 23 15	20	21	♊	25 11	12	26
23 26 56	21	23	1	25 58	12	27
23 30 37	22	24	2	26 45	13	27
23 34 18	23	25	4	27 31	14	28
23 37 58	24	27	5	28 18	15	29
23 41 39	25	28	6	29 5	16	♎
23 45 19	26	29	8	29 52	17	1
23 49 0	27	♊	9	0 ♌ 39	18	2
23 52 40	28	2	10	1 26	19	3
23 56 20	29	3	12	2 13	20	4
24 0 0	30	4	13	3 0	21	4

TABLES OF HOUSES FOR NEW YORK, Latitude 40° 43′ N.

Upper section

Sidereal Time H.M.S.	10 ♈	11 ♉	12 ♊	Ascen ♋	2 ♌	3 ♍
0 0 0	0	6	15	18 53	8	1
0 3 40	1	7	16	19 38	9	2
0 7 20	2	8	17	20 23	10	3
0 11 0	3	9	18	21 9	11	4
0 14 41	4	11	19	21 55	12	5
0 18 21	5	12	20	22 40	12	5
0 22 2	6	13	21	23 24	13	6
0 25 42	7	14	22	24 8	14	7
0 29 23	8	15	23	24 54	15	8
0 33 4	9	16	23	25 37	15	9
0 36 45	10	17	24	26 22	16	10
0 40 26	11	18	25	27 5	17	11
0 44 8	12	19	26	27 50	18	12
0 47 50	13	20	27	28 33	19	13
0 51 32	14	21	28	29 18	19	13
0 55 14	15	22	28	0♌ 3	20	14
0 58 57	16	23	29	0 46	21	15
1 2 40	17	24	♋	1 31	22	16
1 6 23	18	25	1	2 14	22	17
1 10 7	19	26	2	2 58	23	18
1 13 51	20	27	3	3 43	24	19
1 17 35	21	28	3	4 27	25	20
1 21 20	22	29	4	5 12	25	21
1 25 6	23	♊	5	5 56	26	22
1 28 52	24	1	6	6 40	27	22
1 32 38	25	2	7	7 25	28	23
1 36 25	26	2	8	8 9	29	24
1 40 12	27	3	9	8 53	♍	25
1 44 0	28	4	10	9 38	1	26
1 47 48	29	5	10	10 24	1	27
1 51 37	30	6	11	11 8	2	28

Sidereal Time H.M.S.	10 ♉	11 ♊	12 ♋	Ascen ♌	2 ♍	3 ♍
1 51 37	0	6	11	11 8	2	28
1 55 27	1	7	12	11 53	3	29
1 59 17	2	8	13	12 38	4	♎
2 3 8	3	9	14	13 22	5	1
2 6 59	4	10	15	14 8	5	2
2 10 51	5	11	15	14 53	6	3
2 14 44	6	12	16	15 39	7	4
2 18 37	7	13	17	16 24	8	4
2 22 31	8	14	18	17 10	9	5
2 26 25	9	15	19	17 56	10	6
2 30 20	10	16	20	18 41	10	7
2 34 16	11	17	20	19 27	11	8
2 38 13	12	18	21	20 14	12	9
2 42 10	13	19	22	21 0	13	10
2 46 8	14	19	23	21 47	14	11
2 50 7	15	20	24	22 33	15	12
2 54 7	16	21	25	23 20	16	13
2 58 7	17	22	25	24 7	17	14
3 2 8	18	23	26	24 54	17	15
3 6 9	19	24	27	25 42	18	16
3 10 12	20	25	28	26 29	19	17
3 14 15	21	26	29	27 17	20	18
3 18 19	22	27	♌	28 4	21	19
3 22 23	23	28	1	28 52	22	20
3 26 29	24	29	1	29 40	23	21
3 30 35	25	♋	2	0♍29	24	22
3 34 41	26	1	3	1 17	24	23
3 38 49	27	2	4	2 6	25	24
3 42 57	28	3	5	2 55	26	25
3 47 6	29	4	6	3 43	27	26
3 51 15	30	5	7	4 32	28	27

Sidereal Time H.M.S.	10 ♊	11 ♋	12 ♌	Ascen ♍	2 ♍	3 ♎
3 51 15	0	5	7	4 32	28	27
3 55 25	1	6	8	5 22	29	28
3 59 36	2	6	8	6 10	♎	29
4 3 48	3	7	9	7 0	1	♏
4 8 0	4	8	10	7 49	2	1
4 12 13	5	9	11	8 40	3	2
4 16 26	6	10	12	9 30	4	3
4 20 40	7	11	13	10 19	4	4
4 24 55	8	12	14	11 10	5	5
4 29 10	9	13	15	12 0	6	6
4 33 26	10	14	16	12 51	7	7
4 37 42	11	15	16	13 41	8	8
4 41 59	12	16	17	14 32	9	9
4 46 16	13	17	18	15 23	10	10
4 50 34	14	18	19	16 14	11	11
4 54 52	15	19	20	17 5	12	12
4 59 10	16	20	21	17 56	13	13
5 3 29	17	21	22	18 47	14	14
5 7 49	18	22	23	19 39	15	15
5 12 9	19	23	24	20 30	16	16
5 16 29	20	24	25	21 22	17	17
5 20 49	21	25	25	22 13	18	18
5 25 9	22	26	26	23 5	18	19
5 29 30	23	27	27	23 57	19	20
5 33 51	24	28	28	24 49	20	21
5 38 12	25	29	29	25 42	21	22
5 42 34	26	♌	♍	26 32	22	22
5 46 55	27	1	1	27 25	23	23
5 51 17	28	2	2	28 16	24	24
5 55 38	29	3	3	29 8	25	25
6 0 0	30	4	4	30 0	26	26

Sidereal Time H.M.S.	10 ♋	11 ♌	12 ♍	Ascen ♎	2 ♎	3 ♏
6 0 0	0	4	4	0 0	26	26
6 4 22	1	5	5	0 52	27	27
6 8 43	2	6	6	1 44	28	28
6 13 5	3	6	7	2 35	29	29
6 17 26	4	7	8	3 28	♏	♐
6 21 48	5	8	9	4 20	1	1
6 26 9	6	9	10	5 11	2	2
6 30 30	7	10	11	6 3	3	3
6 34 51	8	11	12	6 55	3	4
6 39 11	9	12	13	7 47	4	5
6 43 31	10	13	14	8 38	5	6
6 47 51	11	14	15	9 30	6	7
6 52 11	12	15	16	10 21	7	8
6 56 31	13	16	16	11 13	8	9
7 0 50	14	17	17	12 4	9	10
7 5 8	15	18	18	12 55	10	11
7 9 26	16	19	19	13 46	11	12
7 13 44	17	20	20	14 37	12	13
7 18 1	18	21	21	15 28	13	14
7 22 18	19	22	22	16 19	14	15
7 26 34	20	23	23	17 9	14	16
7 30 50	21	24	23	18 0	15	17
7 35 5	22	25	24	18 50	16	18
7 39 20	23	26	25	19 41	17	19
7 43 34	24	27	26	20 31	18	20
7 47 47	25	28	27	21 20	19	21
7 52 0	26	29	28	22 11	20	22
7 56 12	27	♍	28	23 0	21	23
8 0 24	28	1	♎	23 50	21	24
8 4 35	29	2	1	24 38	22	24
8 8 45	30	3	2	25 28	23	25

Sidereal Time H.M.S.	10 ♌	11 ♍	12 ♎	Ascen ♎	2 ♏	3 ♐
8 8 45	0	3	2	25 28	23	25
8 12 54	1	4	3	26 17	24	26
8 17 3	2	5	4	27 5	25	27
8 21 11	3	6	5	27 54	26	28
8 25 19	4	7	6	28 43	27	29
8 29 26	5	8	7	29 31	28	♑
8 33 31	6	9	7	0♏20	28	1
8 37 37	7	10	8	1 8	29	2
8 41 41	8	11	9	1 56	♐	3
8 45 45	9	12	10	2 45	1	4
8 49 48	10	13	11	3 31	2	5
8 53 51	11	14	12	4 18	3	6
8 57 52	12	15	12	5 6	4	7
9 1 53	13	16	13	5 53	5	8
9 5 53	14	17	14	6 40	5	9
9 9 53	15	18	15	7 27	6	10
9 13 52	16	19	16	8 13	7	11
9 17 50	17	20	17	9 0	8	11
9 21 47	18	21	18	9 46	9	12
9 25 44	19	22	19	10 33	10	13
9 29 40	20	23	20	11 19	10	14
9 33 35	21	24	20	12 4	11	15
9 37 29	22	25	21	12 50	12	16
9 41 23	23	26	22	13 36	13	17
9 45 16	24	27	23	14 21	14	18
9 49 9	25	27	24	15 7	15	19
9 53 1	26	28	25	15 52	16	20
9 56 52	27	29	25	16 38	16	21
10 0 43	28	♎	26	17 22	17	22
10 4 33	29	1	27	18 7	18	23
10 8 23	30	2	28	18 52	19	24

Sidereal Time H.M.S.	10 ♍	11 ♎	12 ♎	Ascen ♏	2 ♐	3 ♑
10 8 23	0	2	28	18 52	19	24
10 12 12	1	3	29	19 36	20	25
10 16 0	2	4	29	20 22	20	26
10 19 48	3	5	♏	21 7	21	27
10 23 35	4	6	1	21 52	22	28
10 27 22	5	7	1	22 35	23	29
10 31 8	6	8	2	23 20	24	♒
10 34 54	7	8	3	24 4	25	1
10 38 40	8	9	4	24 48	25	2
10 42 25	9	10	5	25 33	26	3
10 46 9	10	11	6	26 17	27	3
10 49 53	11	12	7	27 2	27	4
10 53 37	12	13	7	27 46	28	5
10 57 20	13	14	8	28 29	29	6
11 1 3	14	15	9	29 14	♑	7
11 4 46	15	16	10	0♐0	1	8
11 8 28	16	17	11	0 43	1	9
11 12 10	17	18	12	1 27	2	10
11 15 52	18	19	12	2 10	3	11
11 19 34	19	20	13	2 55	3	12
11 23 15	20	21	14	3 38	4	13
11 26 56	21	22	15	4 23	5	14
11 30 37	22	23	16	5 6	6	15
11 34 18	23	23	16	5 52	6	16
11 37 58	24	24	17	6 36	7	17
11 41 39	25	25	18	7 20	8	18
11 45 19	26	26	19	8 4	8	19
11 49 0	27	27	20	8 48	9	20
11 52 40	28	28	21	9 29	10	21
11 56 20	29	29	21	10 14	11	22
12 0 0	0	30	22	11 0	11	24

TABLES OF HOUSES FOR NEW YORK, Latitude 40° 43' N.

Sidereal Time (H. M. S.)	10 ≏	11 ≏	12 ♏	Ascen ♐	2 ♑	3 ≈
12 0 0	0	29	21	11 7	15	24
12 3 40	1	♏	22	11 52	16	25
12 7 20	2	1	23	12 37	17	26
12 11 0	3	1	24	13 19	17	27
12 14 41	4	2	25	14 7	18	28
12 18 21	5	3	25	14 52	19	29
12 22 2	6	4	26	15 38	20	♓
12 25 42	7	5	27	16 23	21	1
12 29 23	8	6	28	17 11	22	2
12 33 4	9	6	28	17 58	23	3
12 36 45	10	7	29	18 45	24	4
12 40 26	11	8	♐	19 32	25	5
12 44 8	12	9	1	20 20	26	7
12 47 50	13	10	2	21 8	27	8
12 51 32	14	11	2	21 57	28	9
12 55 14	15	12	3	22 43	29	10
12 58 57	16	13	4	23 33	♑	11
13 2 40	17	13	5	24 22	1	12
13 6 23	18	14	6	25 11	2	13
13 10 7	19	15	7	26 1	3	15
13 13 51	20	16	7	26 51	4	16
13 17 35	21	17	8	27 40	6	17
13 21 20	22	18	9	28 32	7	18
13 25 6	23	19	10	29 23	8	19
13 28 52	24	19	10	0♑14	9	20
13 32 38	25	20	11	1 7	10	21
13 36 25	26	21	12	2 0	11	23
13 40 12	27	22	13	2 52	12	24
13 44 0	28	23	13	3 46	13	25
13 47 48	29	24	14	4 41	15	26
13 51 37	30	25	15	5 37	16	27

Sidereal Time (H. M. S.)	10 ♏	11 ♏	12 ♐	Ascen ♑	2 ≈	3 ♓
13 51 37	0	25	15	5 35	16	27
13 55 27	1	25	16	6 30	17	29
13 59 17	2	26	17	7 27	18	♈
14 3 8	3	27	18	8 23	20	1
14 6 59	4	28	18	9 20	21	2
14 10 51	5	29	19	10 18	22	3
14 14 44	6	♐	20	11 16	23	5
14 18 37	7	1	21	12 15	24	6
14 22 31	8	2	22	13 15	26	7
14 26 25	9	2	23	14 16	27	8
14 30 20	10	3	24	15 17	28	9
14 34 16	11	4	24	16 19	♓	11
14 38 13	12	5	25	17 23	1	12
14 42 10	13	6	26	18 27	2	13
14 46 8	14	7	27	19 32	4	14
14 50 7	15	8	28	20 37	5	16
14 54 7	16	9	29	21 44	6	17
14 58 7	17	10	♑	22 51	8	18
15 2 8	18	10	1	23 59	9	19
15 6 9	19	11	2	25 9	11	20
15 10 12	20	12	3	26 19	12	22
15 14 15	21	13	4	27 13	13	23
15 18 19	22	14	5	29 8	15	24
15 22 23	23	15	6	0≈16	16	25
15 26 29	24	16	6	1 28	16	26
15 30 35	25	17	7	2 28	18	27
15 34 41	26	18	8	3 19	19	29
15 38 49	27	19	9	5 21	21	♈
15 42 57	28	20	10	6 22	22	2
15 47 6	29	21	11	7 24	23	4
15 51 15	30	22	11	9 25	24	5

Sidereal Time (H. M. S.)	10 ♐	11 ♐	12 ♑	Ascen ≈	2 ♓	3 ♉
15 51 15	0	21	13	9 8	27	4
15 55 25	1	22	14	10 31	28	5
15 59 36	2	23	15	11 56	♈	6
16 3 48	3	24	16	13 23	1	7
16 8 0	4	25	17	14 50	3	9
16 12 13	5	26	18	16 18	4	10
16 16 26	6	27	19	17 47	5	11
16 20 40	7	28	19	19 18	7	12
16 24 55	8	29	21	20 56	9	13
16 29 10	9	♑	22	22 22	10	15
16 33 26	10	1	23	24 10	12	16
16 37 42	11	2	24	25 44	14	17
16 41 59	12	3	26	27 23	15	18
16 46 16	13	4	27	29 4	17	19
16 50 34	14	5	28	0♓45	18	20
16 54 52	15	6	29	2 27	20	22
16 59 10	16	7	≈	4 11	21	23
17 3 29	17	8	2	5 56	23	24
17 7 49	18	9	3	7 43	24	25
17 12 9	19	10	4	9 30	26	26
17 16 29	20	11	5	11 18	27	27
17 20 49	21	12	7	13 8	29	29
17 25 9	22	13	8	14 57	♉	♊
17 29 30	23	14	9	16 48	2	1
17 33 51	24	15	10	18 41	3	2
17 38 12	25	16	12	20 33	5	3
17 42 34	26	17	13	22 25	6	4
17 46 55	27	19	14	24 19	7	5
17 51 17	28	20	16	26 12	9	6
17 55 38	29	21	17	28 7	10	7
18 0 0	30	22	18	0♈0	12	9

Sidereal Time (H. M. S.)	10 ♑	11 ♑	12 ≈	Ascen ♈	2 ♉	3 ♊
18 0 0	0	22	18	0 0	12	9
18 4 22	1	23	20	1 53	13	10
18 8 43	2	24	21	3 48	14	11
18 13 5	3	25	23	5 41	16	12
18 17 26	4	26	24	7 35	17	13
18 21 48	5	27	25	9 27	18	14
18 26 9	6	28	27	11 19	20	15
18 30 30	7	29	28	13 12	21	16
18 34 51	8	≈	♓	15 3	22	17
18 39 11	9	2	1	16 52	23	18
18 43 31	10	3	3	18 42	25	19
18 47 51	11	4	4	20 30	26	20
18 52 11	12	5	5	22 17	27	21
18 56 31	13	6	7	24 2	29	22
19 0 50	14	7	9	25 49	♊	23
19 5 8	15	9	10	27 33	1	24
19 9 26	16	10	12	29 15	2	25
19 13 44	17	11	13	0♉56	3	26
19 18 1	18	12	15	2 37	4	27
19 22 18	19	13	16	4 16	5	28
19 26 34	20	14	18	5 53	7	29
19 30 50	21	16	19	7 30	8	♋
19 35 5	22	17	21	9 4	9	1
19 39 20	23	18	22	10 38	11	2
19 43 34	24	19	24	12 9	12	3
19 47 47	25	20	25	13 41	12	4
19 52 0	26	21	27	15 10	13	5
19 56 12	27	23	28	16 56	14	5
20 0 24	28	24	♈	18 4	15	7
20 4 35	29	25	2	19 29	16	8
20 8 45	30	26	3	20 52	17	9

Sidereal Time (H. M. S.)	10 ≈	11 ≈	12 ♈	Ascen ♉	2 ♊	3 ♋
20 8 45	0	26	3	20 52	17	9
20 12 54	1	27	5	22 14	18	10
20 17 3	2	29	6	23 35	19	11
20 21 11	3	♓	8	24 55	20	12
20 25 19	4	1	9	26 14	21	12
20 29 26	5	2	11	27 27	22	13
20 33 31	6	3	12	28 47	23	14
20 37 37	7	5	14	0♊11	24	15
20 41 41	8	6	15	1 17	25	16
20 45 45	9	7	16	2 29	26	17
20 49 48	10	9	18	3 41	27	18
20 53 51	11	10	19	4 53	28	19
20 57 52	12	11	21	6 1	29	20
21 1 53	13	12	22	7 20	♋	20
21 5 53	14	13	24	8 16	1	21
21 9 53	15	14	25	9 53	2	22
21 13 52	16	16	26	10 30	3	23
21 17 50	17	17	28	11 28	4	24
21 21 47	18	18	29	12 37	5	25
21 25 44	19	19	♉	13 41	6	26
21 29 40	20	21	2	14 43	7	26
21 33 35	21	22	3	15 44	7	27
21 37 29	22	23	5	16 45	8	28
21 41 23	23	24	6	17 44	9	29
21 45 16	24	25	7	18 43	10	♌
21 49 25	25	27	8	19 42	11	1
21 53 1	26	28	9	20 40	12	2
21 56 12	27	♈	11	21 37	12	3
22 0 43	28	♈	12	22 33	13	4
22 4 33	29	1	13	23 30	14	5
22 8 23	30	3	14	24 25	15	5

Sidereal Time (H. M. S.)	10 ♓	11 ♈	12 ♉	Ascen ♊	2 ♋	3 ♌
22 8 23	0	3	14	24 25	15	5
22 12 12	1	4	15	25 19	16	5
22 16 0	2	5	17	26 14	17	7
22 19 48	3	6	18	27 8	17	8
22 23 35	4	7	19	28 0	18	9
22 27 22	5	8	20	28 53	19	10
22 31 8	6	10	21	29 46	20	11
22 34 54	7	11	22	0♋38	21	11
22 38 40	8	12	23	1 28	21	12
22 42 25	9	13	24	2 20	22	13
22 46 9	10	14	25	3 14	23	14
22 49 53	11	15	27	3 59	24	15
22 53 37	12	17	28	4 49	24	16
22 57 20	13	18	29	5 38	25	17
23 1 3	14	19	♊	6 27	26	18
23 4 46	15	20	1	7 17	27	18
23 8 28	16	21	2	8 5	27	19
23 12 10	17	22	3	8 53	28	20
23 15 52	18	23	4	9 41	29	21
23 19 34	19	24	5	10 28	♌	22
23 23 15	20	26	6	11 15	1	23
23 26 56	21	27	7	12 2	2	23
23 30 37	22	28	8	12 49	2	24
23 34 18	23	29	9	13 35	3	25
23 37 58	24	♉	10	14 22	4	26
23 41 39	25	1	11	15 8	5	27
23 45 19	26	2	12	15 53	5	28
23 49 0	27	3	12	16 41	6	29
23 52 40	28	4	13	17 23	7	29
23 56 20	29	5	14	18 8	8	♍
24 0 0	30	6	15	18 53	9	1

PROPORTIONAL LOGARITHMS FOR FINDING THE PLANETS' PLACES

DEGREES OR HOURS

Min.	0	1	2	3	4	5	6	7	8	9	10	11	12	13	14	15	Min.
0	3.1584	1.3802	1.0792	9031	7781	6812	6021	5351	4771	4260	3802	3388	3010	2663	2341	2041	0
1	3.1584	1.3730	1.0756	9007	7763	6798	6009	5341	4762	4250	3795	3382	3004	2657	2336	2036	1
2	2.8573	1.3660	1.0720	8983	7745	6784	5997	5330	4753	4244	3788	3375	2998	2652	2330	2032	2
3	2.6812	1.3590	1.0685	8959	7728	6769	5985	5320	4744	4236	3780	3368	2992	2646	2325	2027	3
4	2.5563	1.3522	1.0649	8935	7710	6755	5973	5310	4735	4228	3773	3362	2986	2640	2320	2022	4
5	2.4594	1.3454	1.0614	8912	7692	6741	5961	5300	4726	4220	3766	3355	2980	2635	2315	2017	5
6	2.3802	1.3388	1.0580	8888	7674	6726	5949	5289	4717	4212	3759	3349	2974	2629	2310	2012	6
7	2.3133	1.3323	1.0546	8865	7657	6712	5937	5279	4708	4204	3752	3342	2968	2624	2305	2008	7
8	2.2553	1.3258	1.0511	8842	7639	6698	5925	5269	4699	4196	3745	3336	2962	2618	2300	2003	8
9	2.2041	1.3195	1.0478	8819	7622	6684	5913	5259	4690	4188	3737	3329	2956	2613	2295	1998	9
10	2.1584	1.3133	1.0444	8796	7604	6670	5902	5249	4682	4180	3730	3323	2950	2607	2289	1993	10
11	2.1170	1.3071	1.0411	8773	7587	6656	5890	5239	4673	4172	3723	3316	2944	2602	2284	1988	11
12	2.0792	1.3010	1.0378	8751	7570	6642	5878	5229	4664	4164	3716	3310	2938	2596	2279	1984	12
13	2.0444	1.2950	1.0345	8728	7552	6628	5866	5219	4655	4156	3709	3303	2933	2591	2274	1979	13
14	2.0122	1.2891	1.0313	8706	7535	6614	5855	5209	4646	4148	3702	3297	2927	2585	2269	1974	14
15	1.9823	1.2833	1.0280	8683	7518	6600	5843	5199	4638	4141	3695	3291	2921	2580	2264	1969	15
16	1.9542	1.2775	1.0248	8661	7501	6587	5832	5189	4629	4133	3688	3284	2915	2574	2259	1965	16
17	1.9279	1.2719	1.0216	8639	7484	6573	5820	5179	4620	4125	3681	3278	2909	2569	2254	1960	17
18	1.9031	1.2663	1.0185	8617	7467	6559	5809	5169	4611	4117	3674	3271	2903	2564	2249	1955	18
19	1.8796	1.2607	1.0153	8595	7451	6546	5797	5159	4603	4109	3667	3265	2897	2558	2244	1950	19
20	1.8573	1.2553	1.0122	8573	7434	6532	5786	5149	4594	4102	3660	3258	2891	2553	2239	1946	20
21	1.8361	1.2499	1.0091	8552	7417	6519	5774	5139	4585	4094	3653	3252	2885	2547	2234	1941	21
22	1.8159	1.2445	1.0061	8530	7401	6505	5763	5129	4577	4086	3646	3246	2880	2542	2229	1936	22
23	1.7966	1.2393	1.0030	8509	7384	6492	5752	5120	4568	4079	3639	3239	2874	2536	2223	1932	23
24	1.7781	1.2341	1.0000	8487	7368	6478	5740	5110	4559	4071	3632	3233	2868	2531	2218	1927	24
25	1.7604	1.2289	0.9970	8466	7351	6465	5729	5100	4551	4063	3625	3227	2862	2526	2213	1922	25
26	1.7434	1.2239	0.9940	8445	7335	6451	5718	5090	4542	4055	3618	3220	2856	2520	2208	1917	26
27	1.7270	1.2188	0.9910	8424	7318	6438	5706	5081	4534	4048	3611	3214	2850	2515	2203	1913	27
28	1.7112	1.2139	0.9881	8403	7302	6425	5695	5071	4525	4040	3604	3208	2845	2509	2198	1908	28
29	1.6960	1.2090	0.9852	8382	7286	6412	5684	5061	4516	4032	3597	3201	2839	2504	2193	1903	29
30	1.6812	1.2041	0.9823	8361	7270	6398	5673	5051	4508	4025	3590	3195	2833	2499	2188	1899	30
31	1.6670	1.1993	0.9794	8341	7254	6385	5662	5042	4499	4017	3583	3189	2827	2493	2183	1894	31
32	1.6532	1.1946	0.9765	8320	7238	6372	5651	5032	4491	4010	3576	3183	2821	2488	2178	1889	32
33	1.6398	1.1899	0.9737	8300	7222	6359	5640	5023	4482	4002	3570	3176	2816	2483	2173	1885	33
34	1.6269	1.1852	0.9708	8279	7206	6346	5629	5013	4474	3994	3563	3170	2810	2477	2168	1880	34
35	1.6143	1.1806	0.9680	8259	7190	6333	5618	5003	4466	3987	3556	3164	2804	2472	2164	1875	35
36	1.6021	1.1761	0.9652	8239	7174	6320	5607	4994	4457	3979	3549	3157	2798	2467	2159	1871	36
37	1.5902	1.1716	0.9625	8219	7159	6307	5596	4984	4449	3972	3542	3151	2793	2461	2154	1866	37
38	1.5786	1.1671	0.9597	8199	7143	6294	5585	4975	4440	3964	3535	3145	2787	2456	2149	1862	38
39	1.5673	1.1627	0.9570	8179	7128	6282	5574	4965	4432	3957	3529	3139	2781	2451	2144	1857	39
40	1.5563	1.1584	0.9542	8159	7112	6269	5563	4956	4424	3949	3522	3133	2775	2445	2139	1852	40
41	1.5456	1.1540	0.9515	8140	7097	6256	5552	4947	4415	3942	3515	3126	2770	2440	2134	1848	41
42	1.5351	1.1498	0.9488	8120	7081	6243	5541	4937	4407	3934	3508	3120	2764	2435	2129	1843	42
43	1.5249	1.1455	0.9462	8101	7066	6231	5531	4928	4399	3927	3501	3114	2758	2430	2124	1838	43
44	1.5149	1.1413	0.9435	8081	7050	6218	5520	4918	4390	3919	3495	3108	2753	2424	2119	1834	44
45	1.5051	1.1372	0.9409	8062	7035	6205	5509	4909	4382	3912	3488	3102	2747	2419	2114	1829	45
46	1.4956	1.1331	0.9383	8043	7020	6193	5498	4900	4374	3905	3481	3096	2741	2414	2109	1825	46
47	1.4863	1.1290	0.9356	8023	7005	6180	5488	4890	4365	3897	3475	3089	2736	2409	2104	1820	47
48	1.4771	1.1249	0.9330	8004	6990	6168	5477	4881	4357	3890	3468	3083	2730	2403	2099	1816	48
49	1.4682	1.1209	0.9305	7985	6975	6155	5466	4872	4349	3882	3461	3077	2724	2398	2095	1811	49
50	1.4594	1.1170	0.9279	7966	6960	6143	5456	4863	4341	3875	3454	3071	2719	2393	2090	1806	50
51	1.4508	1.1130	0.9254	7947	6945	6131	5445	4853	4333	3868	3448	3065	2713	2388	2085	1802	51
52	1.4424	1.1091	0.9228	7929	6930	6118	5435	4844	4324	3860	3441	3059	2707	2382	2080	1797	52
53	1.4341	1.1053	0.9203	7910	6915	6106	5424	4835	4316	3853	3434	3053	2702	2377	2075	1793	53
54	1.4260	1.1015	0.9178	7891	6900	6094	5414	4826	4308	3846	3428	3047	2696	2372	2070	1788	54
55	1.4180	1.0977	0.9153	7873	6885	6081	5403	4817	4300	3838	3421	3041	2691	2367	2065	1784	55
56	1.4102	1.0939	0.9128	7854	6871	6069	5393	4808	4292	3831	3415	3034	2685	2362	2061	1779	56
57	1.4025	1.0902	0.9104	7836	6856	6057	5382	4798	4284	3824	3408	3028	2679	2356	2056	1774	57
58	1.3949	1.0865	0.9079	7818	6841	6045	5372	4789	4276	3817	3401	3022	2674	2351	2051	1770	58
59	1.3875	1.0828	0.9055	7800	6827	6033	5361	4780	4268	3809	3395	3016	2668	2346	2046	1765	59
	0	1	2	3	4	5	6	7	8	9	10	11	12	13	14	15	

RULE:—Add proportional log. of planet's daily motion to log. of time from noon, and the sum will be the log. of the motion required. Add this to planet's place at noon, if time be p.m., but subtract if a.m. and the sum will be planet's true place. If Retrograde, subtract for p.m., but add for a.m.

What is the Long. of ☽ April 15th, 1971 at 2.15 p.m.?
☽'s daily motion—12° 53'

Prop. Log. of 12° 53'	″.2702
Prop. Log. of 2h. 15m.	1.0280
☽'s motion in 2h. 15m.=1° 12' or Log. ...	1.2982

☽'s Long. on April 15=17° ♈ 51'+1° 12'=19° ♈ 3'.
The Daily Motions of the Sun, Moon, Mars, Venus and Mercury will be found on pages 26 to 28.

MADE IN ENGLAND